EM BUSCA DE NOVO MODELO

Reflexões sobre a crise contemporânea

Celso Furtado

EM BUSCA DE NOVO MODELO

Reflexões sobre a crise contemporânea

2ª Edição

PAZ E TERRA

© by Celso Furtado

CIP-Brasil. Catalogação-na-fonte
Sindicato Nacional dos Editores de Livros, RJ.

F987e

Furtado, Celso, 1920-
Em busca de novo modelo : reflexões sobre a crise contemporânea /
Celso Furtado. — São Paulo : Paz e Terra, 2002

ISBN 85-219-0446-0

1. Desenvolvimento econômico. 2. Brasil — Condições
econômicas. 3. Brasil — Condições sociais. 4. Globalização. I. Título.

02-0248   CDD-330.981
                            CDU-338.1(81)

000353

EDITORA PAZ E TERRA S/A
Rua do Triunfo, 177
Santa Ifigênia, São Paulo, SP — CEP 01212-010
Tel.: (011) 3337-8399
Rua General Venâncio Flores, 305 — Sala 904
Rio de Janeiro, RJ — CEP 22441-090
Tel.: (021) 2512-8744
E-mail:vendas@pazeterra.com.br
Home Page:www.pazeterra.com.br

2002
Impresso no *Brasil / Printed in Brazil*

Sumário

À guisa de apresentação 7

I.   O problema da pobreza no Brasil 11

II.   Que futuro nos aguarda? 27

III.   As raízes da globalização 45

IV. As duas vertentes da civilização
industrial 53

V.   A responsabilidade do economista 69

VI. O centenário de Raúl Prebisch 83

VII. O que devemos a Euclides da Cunha ... 95

À guisa de apresentação

Os ensaios reunidos neste pequeno volume refletem o estado de espírito de muitos estudiosos da realidade econômica atual. A exemplo do "herói sem qualidades" de Musil, já não logramos distinguir o que anda para frente e o que anda para trás, como se o mundo estivesse sendo comandado cada vez mais por forças cuja compreensão nos escapa. Certeza temos apenas de que os acontecimentos se atropelam uns aos outros e as dimensões do mundo se estreitam, ao mesmo tempo que se desvanece a visão prospectiva da história de que os economistas tanto se envaideciam. Já não podemos nos refugiar no espaço provinciano que nos abrigava no passado. Que papel nos caberá como nação no mundo de contornos indefinidos que emerge? Não é fácil responder a questões como essa. Mas é importante abrir o debate e sabermos nos defender dos falsos "consensos" que nos impingem as metrópoles imperiais.

As idéias contidas nestes ensaios foram submetidas a debate crítico em diversos círculos universitários, mas estão aqui apresentadas em sua forma definitiva.

* * *

Nada choca tanto o observador da economia brasileira como a contradição entre o formidável potencial de recursos do país e o baixo nível de desenvolvimento alcançado por este até o presente. O Brasil é um mundo totalmente criado pela expansão do capitalismo industrial; não é herdeiro de nenhuma velha civilização como o são outras grandes nações hoje denominadas subdesenvolvidas.

Simplificando o quadro histórico brasileiro, singularizo duas tendências estruturais: 1) a propensão ao endividamento externo; e 2) a propensão à concentração social da renda. Para explicar essa dinâmica perversa, nada me parece tão decisivo como o comportamento das elites tradicionais, que imitam os padrões de consumo dos países de elevado nível de desenvolvimento. Explicam-se assim a tendência à concentração de renda e a forte propensão a importar. Daí um duplo desequilíbrio, sendo que o primeiro se manifesta como deficiência de capacidade para importar, e o segundo, como insuficiência de poupança interna.

A ação do Estado tem sido essencial para a promoção do desenvolvimento. Este só se efetivou no Brasil como fruto de uma vontade política. Os mercados desempenharam sempre um papel coadjuvante.

Olhando para frente, os dois pontos fundamentais a serem enfrentados por um próximo governo são: 1) como elevar a taxa de poupança interna?; e 2) como reduzir a propensão a importar dos grupos de alto nível de vida? Assim, se pretendermos recuperar o dinamismo que conhecemos no passado, o país terá de retornar ao controle de câmbio e ao planejamento indicativo dos investimentos básicos.

* * *

Destaquemos alguns temas que estão a exigir atenção:

1. A aceitação de riscos tende a ser apresentada como principal fonte de legitimação do poder econômico.

2. O processo de globalização torna inevitável o avanço da concentração do poder em mãos de poucos.

3. A evolução das estruturas de poder no capitalismo avançado escapa aos esquemas teóricos que herdamos do passado.

4. Durante muito tempo a sociedade civil, particularmente ali onde floresceram as organizações sindicais, desempenhou o papel de contrapeso do poder do capital, o qual foi se metamorfoseando em poder financeiro.

5. Esse processo evolutivo, baseado num equilíbrio de forças, levou a modificações importantes na distribuição da renda social, sem contudo afetar de forma significativa o conteúdo das estruturas produtivas.

6. Foi de grande importância o papel desempenhado pelo Estado nacional na configuração das sociedades capitalistas modernas. Esse processo evolutivo abriu espaço para a concentração do poder econômico e para a emergência das estruturas transnacionais.

7. As estruturas transnacionais debilitam progressivamente os Estados nacionais, suporte das forças que operam no sentido de reduzir as desigualdades sociais.

8. Prevalece a doutrina de que a estrutura social é legitimada pela aceitação de riscos.

9. Presenciamos um processo de concentração de renda e poder sob o comando de grandes empresas desligadas de compromissos com a sociedade civil.

10. O agravamento das tensões sociais leva a pensar que pode estar se preparando uma crise de grandes dimensões, cuja natureza nos escapa. Ainda não sabemos como enfrentá-la.

* * *

Agradeço a Rosa Freire d'Aguiar a colaboração que me deu na elaboração dos ensaios que constituem este livro.

Paris, fevereiro de 2002.
Celso Furtado

I

O problema da pobreza no Brasil

Em 1999 foi instalada uma comissão mista do Congresso Nacional, formada por deputados e senadores de diversos partidos, para estudar medidas de combate à pobreza. Dados do governo federal, especialmente do IPEA (Instituto de Pesquisa Econômica Aplicada), serviram de base para os trabalhos da Comissão. Alguns desses dados merecem ser lembrados, para se avaliar a dimensão do problema. Há no Brasil 53 milhões de pobres — cerca de 34% da população —, que vivem com uma renda insuficiente para atender às suas necessidades básicas de alimentação, vestuário, habitação e transporte. Nessa massa de pobres há um subconjunto de 22 milhões de indigentes — cerca de 14% da população —, que não têm sequer como comprar os alimentos que lhes garantam o consumo mínimo calórico vital. A pobreza absoluta manteve-se em torno de 34% desde o lançamento do Plano Real em 1994. Nos países de renda per capita *semelhante à do Brasil (4.500 dólares) a percentagem de pobres é de cerca de 10% da população total, portanto, menos de um terço da percentagem brasileira. Quanto à desigualdade da renda, entre 92 países estudados* pelo PNUD *(Programa das Nações Unidas para o Desenvolvimento) apenas a África do Sul e o Malawi têm maior concentração do que o Brasil. O déficit habitacional do nosso país é de 10 milhões de moradias.*

Em 13 de novembro de 1999, a Comissão ouviu o autor deste livro. Em seu depoimento de mais de duas horas ele expôs os diversos aspectos do problema e os possíveis caminhos para sua solução, aqui resumidos num texto de base e em tópicos correlatos.

Podemos abordar o problema da pobreza de ângulos diferentes. Três são as dimensões que têm preocupado os estudiosos da matéria: 1) a questão da *fome endêmica*, que está presente, em graus diversos, em todo o mundo; 2) a questão da *habitação popular*, que em alguns países já encontrou solução; e 3) a questão da *insuficiência de escolaridade*, que contribui para perpetuar a pobreza.

Vou me limitar a tratar a questão de um ponto de vista econômico, portanto mais limitado. O que me interessa é responder à seguinte questão: por que o Brasil se singulariza pela concentração da renda e da riqueza? Como explicar que seja o nosso país praticamente o campeão mundial de desigualdades sociais? Vejamos alguns aspectos do problema. Se observamos a renda *per capita*, que pretende medir o grau de desenvolvimento, comprovamos que a do Brasil está perto dos 5 mil dólares, portanto, próxima da média mundial. Vou tomar como comparação um país de dimensões continentais e de grande população, e, nesse sentido, similar ao nosso. Trata-se da Índia, que, tendo uma população cerca de cinco vezes maior que a do Brasil, apresenta um produto interno bruto de dimensões equivalentes ao nosso. Caberia supor, assim, que nosso grau de desenvolvimento é muito maior, já que a renda *per capita* da Índia não alcança 20% da brasileira. Outros indicadores também podem ser considerados. É sabido que a pobreza caracteriza as condições de vida do mundo rural. A população urbana corresponde, no Brasil, a mais de 70% da população total, e na Índia, a menos de 30%. O grau de abertura da economia indiana é superior à do Brasil, pois as exportações desse país alcançam 11% do PIB, enquanto no Brasil não passam de 8%. Mais surpreendente é o fato de que a poupança interna bruta na Índia chega a 24% do produto, e no Brasil mal atinge 20%. O investimento bruto no Brasil chega a apenas 19% do PIB, ao passo que na Índia supera 24%. Assim sendo, a Índia tem uma renda muito menor por habitante, mas uma poupança muito superior.

A explicação desse paradoxo entre a situação da Índia e a do Brasil está no perfil de distribuição da renda. Em nosso país, os 20% de mais alta renda absorvem cerca de 70% desta. Na Índia, 40% da renda total são apropriados pelos 20% mais ricos. Chegamos assim à conclusão de que o esforço de poupança da população indiana é substancialmente maior que o do Brasil. Os 20% menos favorecidos na Índia recolhem 9% da renda, ao passo que no Brasil essa mesma percentagem de população fica apenas com 2% da renda nacional.

Conclui-se desses dados que a população pobre do Brasil tem um nível de vida similar ao da Índia, ao passo que em seu conjunto o nível de vida da população brasileira é cinco vezes a média da indiana. Cabe ter em conta também que a Índia realiza um esforço maior de investimento do que o Brasil, sendo contudo o seu nível de renda média cinco vezes inferior ao nosso. A população da Índia faz um esforço de poupança muito superior ao que é feito pela população do Brasil, se bem que seu nível de vida seja substancialmente mais baixo. Esses dados nos permitem comprovar que o problema da pobreza no Brasil não reflete uma escassez de recursos, e sim uma forte propensão ao consumo por parte dos grupos de alta renda.

Os 20% mais pobres da população brasileira contrastam com o elevado grau de urbanização do país. Não se pode, assim, explicar essa realidade pela desigualdade notória que existe entre as populações rurais e urbanas. O problema maior do Brasil é o da pobreza urbana, vale dizer, o das condições de habitação e emprego da população de baixa renda. Vou limitar-me a fazer um pequeno exercício sobre esse ponto. Se o Brasil elevasse sua poupança bruta ao nível da Índia, disporia do equivalente a 5% do produto nacional em recursos para aplicar na solução desse problema. Cinco por cento do PIB significam mais do que se requer para, em período de cinco a dez anos, dotar a população de condições de habitação adequadas.

Se consideramos a segunda face da pobreza no Brasil, que é o problema da fome — diretamente ligado à inexistência de uma política de preços que assegure acesso da população de baixa renda a uma cesta básica de alimentos —, vemos que, também por esse lado, a solução não se afigura como muito difícil.

Finalmente, o investimento em educação da população carente, que já vem sendo feito por alguns estados do Brasil, não parece um problema intransponível.

Quanto à questão patrimonial, amplamente estudada, a experiência mundial indica que, sem uma estrutura agrária adequada, não é possível solucionar a questão da insuficiência de oferta de alimentos.

Quando estudamos países como a Índia, vemos o muito que pode ser feito com recursos limitados. O nosso país se singulariza pela disponibilidade de recursos. O Brasil é um dos poucos países que dispõem de nível de renda *per capita* e de grau de urbanização suficientes para, em prazo relativamente curto, erradicar a fome e a miséria. Nosso problema maior — o da pobreza — tem solução se adotamos uma política adequada. Vontade e ação política: é disso que necessitamos.

A fome

Visto apenas do ângulo da fome, o problema da pobreza pode ter no Brasil solução relativamente fácil. Na Índia — país que, como explicado acima, sustenta um paralelo com o nosso —, há, por um lado, falta de alimentos, e por outro, uma grande população rural, o que torna mais difícil erradicar a fome que castiga grandes massas da população. Mas no Brasil não há escassez de alimentos. Somos um país exportador de alimentos, temos um potencial agrícola enorme. E sabidamente é muito mais fácil alimentar-se uma população urbana, que no Brasil representa 70% do total. Basta, num primeiro momento, assegurar o acesso a uma cesta básica de alimentos.

A longo prazo, a solução exige mais do que o aumento de oferta de alimentos. Exige a *habilitação*. É de 1981 o artigo seminal sobre "Poverty and famines" do economista indiano Amartya Sen, no qual ele introduz o conceito de *entitlement* (habilitação). O futuro prêmio Nobel de Economia aí já demonstrava com clareza que o problema da fome epidêmica e da pobreza endêmica que ocorrem em vastas áreas do mundo não encontra solução simples no aumento da oferta de bens essenciais nos países afetados. Isso porque, para participar da distribuição da renda, a população necessita estar habilitada por um título de propriedade ou pela inserção qualificada no sistema produtivo. Ora, há sociedades em que esse processo de habilitação está bloqueado. É o que se passa com populações rurais sem acesso à terra para trabalhar ou devendo pagar rendas escorchantes para ter esse acesso. Da mesma forma, há populações urbanas crescentes não habilitadas ao acesso à moradia. Trata-se de uma situação estrutural que não encontra solução nos mecanismos dos mercados.

Para que os pobres alcancem a *habilitação* de que fala Sen, precisam ter acesso a meios que lhes assegurem uma certa renda. Ora, esta só é assegurada, tanto na Índia como em parte do Brasil, por meio de uma reforma patrimonial. Quem viaja pelo interior do nosso país percebe que apenas uma parte da população sofre realmente com a pobreza; a outra parte está bem instalada. Não há no Brasil a gradação que há na Índia. Aqui tudo é bem separado. No Sertão da Paraíba, onde nasci, as diferenças entre as habitações do povo e as habitações da classe média rural ou semi-rural são chocantes. Atenuá-las exige uma reforma patrimonial que, por sua vez, requer uma política com apoio da opinião pública.

A habitação

A pobreza no Brasil não resulta das disparidades entre o mundo rural e o mundo urbano, como na Índia, e sim da concentração de renda urbana. No mundo inteiro houve e há problemas de déficit habitacional. Mas todos os países em que houve e há políticas de financiamento da construção resolveram parcialmente, ou pelo menos evitaram o agravamento do problema. Em alguns países da Europa, e na Nova Zelândia, a habitação é uma meta social definida pelo governo. Desde os anos 50 a França vem construindo as chamadas *habitations à loyer modéré* (HLM), casas e apartamentos de aluguel reduzido; o déficit habitacional que havia no final da Segunda Guerra foi sanado em pouco mais de dez anos. Essa política de financiamento nos tem cruelmente faltado.O Banco da Habitação realizou muita coisa, mas foi fechado em meados dos anos 80, sem uma crítica mais séria do que estava fazendo. Como era uma herança dos governos militares, havia contra ele uma opinião pública bastante desfavorável. Hoje se percebe que foi um erro ter acabado com esse banco, auxílio indispensável à solução do problema mais grave e de mais difícil solução no Brasil: a habitação.

Com efeito, o déficit habitacional é o grande empecilho para superar-se o quadro de pobreza. Os 53 milhões de pobres e miseráveis brasileiros não têm como pagar um aluguel, muito menos como possuir uma moradia. Suprir esse déficit exige um investimento a longo prazo, uma massa de recursos que podemos estimar em 4% do produto nacional. O constante endividamento do país agrava o quadro da pobreza e complica a implantação de projetos que visem a solucioná-la. Hoje, por exemplo, se o governo conseguisse o equivalente a 4% do produto nacional, essa parcela seria logo absorvida pelo pagamento de juros.

Daí a importância de aumentar a taxa de poupança. É espantoso que com uma renda média alta, de quase 5 mil dólares, o Brasil tenha uma taxa de poupança tão baixa. Se voltássemos aos patamares de 24, ou até 25%, haveria recursos suficientes — sem precisar recorrer ao endividamento externo — para enfrentar o problema dos investimentos reprodutivos e o do atraso na construção civil.

A educação

Um amplo programa social deve dar prioridade à habitação e à educação, antes do investimento reprodutivo. A educação interfere no tempo, e, melhorando-se a qualidade do fator humano, modifica-se por completo o quadro do país, abrem-se possibilidades de desenvolvimento muito maiores. Não há país que tenha conseguido se desenvolver sem investir consideravelmente na formação de gente. Em criança eu já ouvia falar no fenômeno do Japão, que tinha alfabetizado 100% da população no fim do século XIX. Esse é o mais importante investimento a fazer, para que haja não só crescimento, mas autêntico desenvolvimento.

A concentração da renda

No passado, quando se falava em redistribuição de renda, sempre se argumentava que os pobres, com o crescimento de sua renda, tenderiam a consumir mais e, portanto, a taxa de poupança cairia. Hoje, o paradoxo é que os ricos brasileiros é que têm uma altíssima propensão a consumir. A renda não se concentra para aumentar a taxa de poupança, e sim para aumentar o consumo dos mais ricos. É escandalosa a distância, no Brasil, entre o consumidor popular e o consumidor médio e rico. Sem lugar a dúvida, essa defasagem é das maiores do mundo. Na Índia, os 20% mais ricos têm em média uma renda quatro vezes maior que a dos 20% mais pobres; no Brasil essa relação é de um para trinta e três vezes. Por outro lado, o abuso do consumo contamina as classes mais pobres, que gastam em produtos nem sempre necessários.

A alta propensão a consumir decorre do fato de as classes alta e média brasileiras seguirem os padrões norte-americanos. Mas, como ter esse padrão de vida com uma renda dez vezes menor? Este é o grande problema: por um fenômeno de aculturação, o brasileiro de renda alta absorve padrões de consumo e também de desperdício, gosto pelo *show off*, pelo gasto ostentatório que o caracteriza.

Nós, economistas, tivemos certa responsabilidade nisso, ao embalarmos o sonho do *Enrichissez-vous, monsieur*, como se dizia na França: "Enriqueçam e salvaremos o país", pois o coeficiente de poupança crescerá mais do que a renda individual e será possível acelerar o crescimento. Era o raciocínio simplório dos economistas de alguns anos atrás. Hoje o Brasil tem uma renda dez vezes maior do que tinha quando comecei a estudar esses problemas, mas tem também maiores desigualdades, e os pobres continuam igualmente pobres. Cabe a pergunta: houve desenvolvimento? Não: o Brasil não se desenvolveu; modernizou-se. O desenvolvimento verdadeiro só existe quando a população em seu conjunto é beneficiada.

Um sistema tributário mais justo

Mudar esse quadro exigiria, para começar, que o país se dotasse de um sistema tributário socialmente mais justo. É urgente repensar o sistema tributário. Foge ao bom senso que o setor da economia de maior rentabilidade — o sistema financeiro — praticamente não seja tributado. Ora, nos anos recentes de crise ou recessão, os bancos foram os grandes beneficiários. E a especulação financeira desenvolveu-se enormemente.

Em seu conjunto, o Brasil tem uma carga fiscal que não é pequena: 31% do produto interno bruto, alta em escala mundial. A da Suécia é de 50%: metade do produto nacional do país mais rico, desenvolvido e homogêneo da Europa é realocado por meio do setor público. A carga fiscal significa essencialmente uma nova forma de distribuição da renda. Com uma carga de 31%, o Brasil poderia fazer muita coisa. Mas sua distribuição é tão irregular, e recai de forma tão injusta sobre os segmentos de baixa renda, que os brasileiros tomaram horror a pagar impostos. Um sistema fiscal mais simples, mais transparente e que realmente atingisse os setores de alta rentabilidade poderia até aumentar a carga fiscal e tornar os impostos mais "palatáveis". Porém, é difícil aumentar uma carga fiscal já tão defeituosa.

Muitos têm a opinião ingênua de que o imposto direto é superior ao indireto. Isso ocorreu no passado, no século XIX. Hoje, o imposto socialmente mais correto é o indireto, porque incide exatamente sobre o ato de consumo, e pode atingir os grupos de maior coeficiente de desperdício ou mais beneficiados pelo sistema de preços.

No nosso caso, poderia-se pensar também em alguma forma de imposto que incidisse sobre gastos supérfluos, carros importados, bens de luxo, certas viagens ao exterior, que levam o país a gastar os milhões de dólares que não tem. A dificuldade é que a opinião pública foi manipulada no sentido de ser contra o pagamento de impostos, o que é um absurdo, pois todos os países usam o sistema fiscal para corrigir as desigualdades sociais. No Brasil, ele não só não corrige como as agrava.

Estabilidade e endividamento

Em meados dos anos 90 conseguimos a estabilidade financeira. Mas o que fizemos dela? Aí pode estar a chave para explicar as dificuldades atuais. O maior problema do Brasil, no momento, é a recessão, que decorre em grande parte de termos de financiar o serviço de uma dívida externa considerável, mandando para o exterior recursos que deveriam ser investidos no país. E, com a economia em recessão, todas as prioridades perdem nitidez, reduz-se o espaço para a ação. O governo atual tem um plano de investimento com centenas de projetos, mas só uma pequena parte tem financiamento assegurado.

O passivo brasileiro elevou-se consideravelmente, praticamente quintuplicou durante o governo Fernando Henrique Cardoso. Por que esse processo brutal de endividamento? Porque o plano de estabilização não foi corretamente executado. Para se corrigir o desequilíbrio financeiro que havia antes e criava inflação, teria sido preciso aumentar a taxa de poupança, totalmente insuficiente para financiar os planos de desenvolvimento do governo. Anteriormente, se o país tinha uma taxa de poupança insuficiente para alcançar o equilíbrio financeiro, financiava-se com a inflação. Esta chegou a render cerca de 5% do produto nacional, uma massa de dinheiro da qual o governo não prestava contas a ninguém, executando o orçamento como lhe aprouvesse.

Ora, com o plano de estabilidade, pensamos — e o FMI pensou o mesmo — que o governo, para preservar o equilíbrio, deveria substituir a fonte de financiamento até então representada pela inflação. Para tanto, havia que realizar uma reforma fiscal em profundidade, aumentando a poupança pública e dispensando o imposto inflacionário. Mas o governo não fez a reforma fiscal. Assim, essa diferença foi financiada e coberta pela dívida externa. Trocou-se a inflação por estabilidade, mas, sobretudo, trocou-se a inflação por endividamento externo.

Concretamente, o resultado é que temos hoje uma situação gravíssima: o permanente endividamento externo, que imobiliza o governo e o obriga, para pagar a dívida, a contrair outra. Se o Brasil continuar se endividando no ritmo atual, em dez anos, ou seja, até o fim do primeiro decênio do século XXI, todo o patrimônio nacional estará alienado.

Como retomar o equilíbrio? Prega o bom senso que deveremos fazer uma renegociação completa dessa dívida, como foi feita em muitos países em outros momentos; explicar aos credores que ninguém — nem eles — tem interesse em liquidar as possibilidades e o potencial brasileiros. Podem retrucar que já se está fazendo uma renegociação, para "empurrar com a barriga" a dívida. Mas a renegociação tem de ser feita com outro espírito. Em primeiro lugar, baixando as taxas de juros. Quando se renegocia uma dívida, e foram muitos os casos de renegociação, alongam-se os períodos, baixam-se as taxas de juros e reduz-se a pressão sobre o Tesouro. Assim é possível ter recursos para se retomar os investimentos; a taxa de crescimento da economia passa, digamos, de zero para 5%. Um crescimento dessa ordem significaria cerca de 50 bilhões de reais, suscetíveis de serem aplicados para criar empregos, atender aos problemas sociais mais urgentes e retomar os investimentos não-reprodutivos.

Uma ferramenta nesse processo consiste em restaurar o controle de câmbios. Os dirigentes do Banco Central chegaram a dizer que devíamos caminhar para a conversibilidade. A proposta tem algo de cínica, pois só um país em situação muito folgada pode ter conversibilidade, o que requer amplas reservas. No nosso caso, essas deveriam ser maiores ainda. Ora, reserva significa investimento que não se reproduz. Ter um bilhão de dólares de reservas significa, a juros de 10%, dispender cem milhões de dólares, sem nenhum valor reprodutivo.

O Brasil é um grande país, com um produto nacional de quase 1 trilhão de dólares, e sem poupança para financiar investimentos, pois o essencial do que poupa destina-se ao pagamento de juros. Temos de nos entender com o sistema financeiro internacional, para reduzir a transferência de juros ao exterior, e assim retomar o investimento interno. Há que se chegar a uma moratória negociada, o que exigirá coragem e um projeto bem definido. Se o governo atual já não reúne tais condições, esperemos que o próximo as reúna. O fundamental é que o país saia do marasmo.

II

Que futuro nos aguarda?

O Brasil atravessa uma fase histórica de desilusão e ansiedade. A ninguém escapa que nossa industrialização tardia foi conduzida no quadro de um desenvolvimento imitativo que reforçou tendências atávicas da sociedade ao elitismo e à exclusão social. É natural que nos interroguemos sobre o que houve de errado no comportamento dos dirigentes do país ou até que ponto a responsabilidade pelo impasse em que nos encontramos pode ser imputada a forças externas que condicionam nossos centros de decisão. Devemos reconhecer que num passado recente existiu certo consenso de que já éramos agentes ativos de nossa própria história, com dirigentes que tinham uma visão global da realidade em que estavam inseridos. Esse primeiro patamar de independência fora alcançado quando os problemas da economia brasileira passaram a ser vistos como atividade política relevante, objeto de amplos debates.

Vou referir-me a dois temas fundamentais sobre os quais houve reflexão teórica importante entre nós, em meados dos anos 50, com repercussão nas decisões políticas tomadas na época. Esses temas são o da inflação e o da elaboração de um projeto nacional de desenvolvimento.

Afastando-se da doutrina monetarista tradicional, que isola o sistema de preços das atividades reais produtivas, surgiu no Brasil uma escola de pensamento que via no processo inflacionário crônico o reflexo de tensões estruturais geradas pelos conflitos em torno da distribuição da renda — daí a relevância do fator político. Em livro publicado em 1954 (*A economia brasileira*), eu dizia, num capítulo intitulado "A instabilidade como problema estrutural":

O estudo do processo inflacionário focaliza sempre dois problemas: a elevação do nível de preços e a redistribuição da renda. Seria, entretanto, errôneo supor que se trata aí de dois problemas autônomos. A palavra inflação induz a esse erro, pondo em primeiro plano o aspecto monetário do processo, isto é, a expansão da renda monetária. Contudo, essa expansão é apenas o meio pelo qual o sistema procura redistribuir a renda.

Assim, víamos a inflação não como um fenômeno monetário, na linha do FMI, mas prioritariamente como uma luta pela distribuição da renda. A diferença entre os dois enfoques está em que a visão monetarista conduz a uma política deflacionista e recessiva que favorece certos setores sociais, em detrimento da massa de assalariados. Ao passo que o enfoque estruturalista permite identificar os focos originais de tensão crescente e põe em evidência os beneficiários do surto inflacionista. A vitória indiscutível da doutrina do FMI levou à situação presente em que se programa uma recessão de elevado custo social para curar-se uma inflação de preços, mediante forte endividamento externo.

A idéia de que o planejamento é uma técnica que permite elevar o nível de racionalidade das decisões econômicas tanto nas empresas como em uma sociedade organizada politicamente difundiu-se amplamente a partir da Segunda Guerra Mundial. No que se refere aos conjuntos econômicos nacionais, os economistas de países em reconstrução foram os primeiros que teorizaram sobre o problema, sendo notórios os casos da França e da Holanda. Era fácil perceber que a reconstrução de um sistema econômico requeria técnicas complementares de coordenação de decisões com projeção no tempo e fora do alcance dos sistemas mercantis. A reflexão sobre esse tema abriu caminho para a idéia de que a superação do subdesenvolvimento, que também requer transformações estruturais, podia beneficiar-se da experiência das economias em reconstrução. O primeiro manual de Técnica de Planejamento foi elaborado na CEPAL (Comissão Econômica para a América Latina) no começo dos anos 50 sob minha direção. E serviu de base para a preparação do Plano de Metas do governo Juscelino Kubitschek, o que permitiu ao Brasil avançar consideravelmente na industrialização.

Cerca de um decênio depois, eu me autocongratulava:

> A economia de nosso país alcançou um grau de diferenciação — o que é distinto do nível convencional de desenvolvimento, medido pela renda *per capita* — que permitiu transferir para o país os principais centros de decisão de sua vida econômica. Em outras palavras, o desenvolvimento recente da economia brasileira não se fez apenas no sentido de elevação da renda real média do habitante do país, mas também assumiu a forma de uma diferenciação progressiva do sistema econômico, o qual conquistou crescente individualização e autonomia. (*A pré-revolução brasileira*)

A verdade é que todos já percebemos que o subdesenvolvimento não constitui uma etapa necessária do processo de formação das economias capitalistas. É, em si, uma situação particular, resultante da expansão destas, que buscam utilizar recursos naturais e mão-de-obra de áreas de economia pré-capitalista. O fenômeno do subdesenvolvimento apresenta-se sob formas várias, e em diferentes estágios. O caso mais simples é o da coexistência de empresas estrangeiras, produtoras de umas poucas mercadorias de exportação, com uma larga faixa de economia de subsistência, coexistência esta que pode perdurar, em equilíbrio, por longos períodos. O caso mais complexo é aquele em que a economia apresenta três setores: um principalmente de subsistência; outro voltado sobretudo para a exportação; e o terceiro, como núcleo industrial ligado ao mercado interno. A ligação entre o núcleo industrial e o mercado interno dá-se por meio de um processo de substituição de manufaturas antes importadas, portanto, em condições de permanente concorrência com produtores forâneos. Daí resulta que a maior preocupação do industrial local é a de apresentar um artigo similar ao importado e adotar métodos de produção que o habilitem a competir com o importador. Assim sendo, os processos produtivos que se afiguram mais vantajosos são aqueles que permitem reproduzir com exatidão os artigos importados, e não os que facilitam a transformação da estrutura econômica pela absorção do setor de subsistência.

Nessas circunstâncias, o crescimento do setor industrial ligado ao mercado interno, e mesmo o aumento de sua participação no produto, assim como a elevação da renda *per capita* do conjunto da população não são suficientes para provocar modificações significativas da estrutura ocupacional do país. O contigente da população afetada pelo crescimento mantém-se reduzido, declinando muito devagar a importância relativa do setor que tem como principal atividade a produção para a subsistência. Países cuja produção industrial já alcançou elevado grau de diversificação e apresenta uma participação no produto relativamente elevada continuam com uma estrutura ocupacional tradicional. Dessa forma, as economias subdesenvolvidas podem conhecer fases prolongadas de crescimento de seu produto global e *per capita*, sem reduzir o grau de dependência externa e a heterogeneidade estrutural interna, que são suas características essenciais.

* * *

O autoritarismo político, que a partir de 1964 neutralizou por duas décadas todas as formas de resistência dos excluídos, exacerbou as tendências perversas do nosso desenvolvimento mimético. Esse autoritarismo, como um deus mitológico, apresentou duas faces. Se, por um lado, favoreceu os interesses criados da área econômica, por outro agravou o isolamento da esfera política, que adquiriu crescente autonomia sob a forma de poder tecnocrático. Implantou-se a fantasia geopolítica aberrante da "potência emergente". Aí tem uma de suas raízes o processo de endividamento externo, que nos levou a uma situação de desgoverno sem precedente.

O desenvolvimento, gerado endogenamente, requer criatividade no plano político, e esta se manifesta quando à percepção dos obstáculos a superar adiciona-se um forte ingrediente de vontade coletiva. O refinamento da sensibilidade e o estado de lucidez aguda que se manifestam em indivíduos superdotados nos momentos de crise social podem imprimir excepcional brilho a épocas consideradas de decadência. Mas somente uma liderança política imaginativa será capaz de conduzir as forças criativas para a reconstrução de estruturas avariadas e para a conquista de novos avanços na direção de formas superiores de convivência social.

Pode parecer paradoxal falar de decadência para uma geração que cresceu num clima de desabrido triunfalismo. Mas não devemos ignorar as lições de nossa história. Que é o nosso subdesenvolvimento senão o resultado de repetidos soçobros na decadência? Nos albores de nossa história ocupávamos posição de vanguarda nas técnicas agro-industriais concernentes às nossas principais atividades econômicas. E foi demorada a decadência da economia açucareira, iniciada pela metade do século XVII, quando começam a formar-se as calcificadas estruturas sociais do Nordeste. O que dizer da rica região mineira, de precoce urbanização, que ocupou no século XVIII posição eminente na criação artística para, em seguida, prostrar-se, como exangue, em longa letargia?

Em épocas de crise como a que vivemos cumpre deixar de lado muitas das idéias recebidas, particularmente as explicações que pretendem ignorar as responsabilidades morais das elites. Temos o dever de nos interrogar sobre as raízes dos problemas que afligem o povo e repudiar posições doutrinárias fundadas num reducionismo econômico. Como ignorar que os germes da crise atual já corroíam nosso organismo social na fase de rápido crescimento das forças produtivas do país? Não terá sido o nosso um desses casos de mau desenvolvimento que hoje preocupam os estudiosos da matéria? Como se apresenta o nosso país após um longo período de crescimento industrial que se prolongou por quase meio século? A resposta está aí: acumulamos uma dívida externa descomunal, enfrentamos um endividamento interno do setor público que acarreta a desordem das finanças do Estado, enquanto mais de um terço da população sofre de carência alimentar. O processo de globalização interrompeu o avanço na conquista de autonomia para se tomarem decisões estratégicas. Por exemplo, submergir na *dolarização* significa regredir ao estatuto semi-colonial. Com efeito, se prosseguimos no caminho que estamos trilhando desde 1994, buscando a saída fácil do crescente endividamento externo e do setor público interno, o Passivo Brasil inchará em um decênio de forma a absorver a totalidade da riqueza que acumulamos desde a proclamação da Independência. Seria leviandade desconhecer que enveredamos por um caminho que nos conduz a um grave impasse.

* * *

É certo que a causa imediata da crise que acabrunha o país foi o forte desequilíbrio da balança de pagamentos, para o qual concorreram fatores de origem interna e externa. Mas, que esperar de um processo de crescimento que derivava seu dinamismo da reprodução indiscriminada de padrões de consumo de sociedades que já alcançaram níveis de produtividade e bem-estar muitas vezes superiores aos nossos? Como não perceber que os elevados padrões de consumo de nossa chamada alta classe média têm como contrapartida a esterilização de parte substancial da poupança e aumentam a dependência externa do esforço de investimento? As tensões estruturais que daí resultam estão na origem das pressões inflacionárias incontroláveis. Nessas circunstâncias, o custo da estabilidade de preços tende a ser a recessão.

Portanto, a crise que aflige nosso povo não decorre apenas do amplo processo de reajustamento que se opera na economia mundial. Em grande medida ela é o resultado de um impasse que se manifestaria necessariamente em nossa sociedade, a qual pretende reproduzir a cultura material do capitalismo mais avançado, privando assim a grande maioria da população dos meios de vida essenciais. Não sendo possível evitar que se difundam, de uma ou outra forma, certos padrões de comportamento das minorias de altas rendas, surgiu no país a contrafação de uma sociedade de massas em que coexistem formas sofisticadas de consumo supérfluo e carências essenciais no mesmo estrato social, e até na mesma família.

Somente a criatividade política impulsada pela vontade coletiva poderá produzir a superação desse impasse. Ora, essa vontade coletiva requer um reencontro das lideranças políticas com os valores permanentes de nossa cultura. Portanto, o ponto de partida do processo de reconstrução que temos de enfrentar deverá ser uma participação maior do povo no sistema de decisões. Sem isso, o desenvolvimento futuro não se alimentará de autêntica criatividade e pouco contribuirá para a satisfação dos anseios legítimos da nação.

Impõe-se formular a política de desenvolvimento com base numa explicitação dos fins substantivos que almejamos alcançar, e não com base na lógica dos meios imposta pelo processo de acumulação comandado pelas empresas transnacionais. A superação do impasse com que nos confrontamos requer que a política de desenvolvimento conduza a uma crescente homogeneização de nossa sociedade e abra espaço à realização das potencialidades de nossa cultura.

Em uma época em que os que detêm o poder estão seduzidos pela mais estreita lógica ditada por interesses de grupos privilegiados, falar de desenvolvimento como reencontro com o gênio criativo de nossa cultura pode parecer simples fuga na utopia. Ora, o utópico muitas vezes é fruto da percepção de dimensões secretas da realidade, um afloramento de energias contidas que antecipa a ampliação do horizonte de possibilidades aberto a uma sociedade. A ação de vanguarda requerida constitui uma das tarefas mais nobres a serem cumpridas pelos trabalhadores intelectuais nas épocas de crise. Cabe a estes aprofundar a percepção da realidade social para evitar que se alastrem as manchas de irracionalidade que alimentam o aventureirismo político; cabe-lhes projetar luz sobre os desvãos da história, onde se ocultam os crimes cometidos pelos que abusam do poder; cabe-lhes auscultar e traduzir as ansiedades e aspirações das forças sociais ainda sem meios próprios de expressão.

O debate sobre as opções com que nos defrontamos exige uma reflexão serena e corajosa sobre a cultura brasileira. A ausência dessa reflexão é responsável pelo fato de, nos diagnósticos da situação presente e em nossos ensaios prospectivos, contentarmo-nos com montagens conceituais sem raízes em nossa história.

Começaremos por indagar sobre as relações existentes entre a cultura como sistema de valores e o processo de acumulação que está na base da expansão das forças produtivas. Trata-se de contrastar a lógica dos fins, que rege a cultura, com a lógica dos meios, razão instrumental inerente à acumulação puramente econômica.

Como preservar o gênio inventivo de nossa cultura em face da necessidade de assimilar técnicas que, se aumentam nossa capacidade operacional, são vetores de mensagens que distorcem nossa identidade cultural? O problema apresenta-se hoje em graus diversos por todas as partes, à medida que a produção de bens culturais transforma-se em negócio ciclópico e que uma das leis que rege esse negócio é a uniformização dos padrões de comportamento, base da criação dos grandes mercados e ao mesmo tempo causa da crescente exclusão social.

Problemas desse grau de complexidade não têm solução única nem ótima. Os objetivos que motivam o progresso tecnológico são com freqüência contraditórios. Uns orientam-se para a destruição, outros para a preservação. Os avanços da técnica estão a serviço de uns e outros. É engano imaginar que as técnicas são neutras, pois elas refletem as forças culturalmente dominantes. As artes militares são fruto dos instintos belicosos do homem mas nem todas as civilizações são igualmente guerreiras. Demais, as técnicas se interligam, se alimentam umas às outras. No século que terminou, as técnicas que mais avançaram, que contaram com financiamentos mais abundantes foram as ligadas às artes da guerra. Os demais campos da cultura estiveram expostos a seus efeitos indiretos.

* * *

São muitas as incógnitas do problema a equacionar para responder às perguntas: onde estamos e para onde vamos? Mas se o circunscrevemos aos elementos sobre os quais podemos atuar, comprovamos sem dificuldade que a questão central se limita a saber se temos ou não possibilidade de preservar nossa identidade cultural. Sem ela seremos reduzidos ao papel de passivos consumidores de bens culturais concebidos por outros povos.

É evidente que o maior acesso a bens culturais melhora a qualidade de vida dos membros de uma coletividade. Mas, se fomentado indiscriminadamente esse processo, frustram-se formas de criatividade e descaracteriza-se a cultura de um povo. Daí que uma política cultural que se limita a fomentar o consumo de bens culturais importados tenda a ser inibidora de atividades criativas e imponha barreiras à inovação. Em uma época de intensa comercialização de todas as dimensões da vida social, o objetivo central de uma política cultural deve ser a liberação das forças criativas da sociedade. Não se trata de monitorar a atividade criativa, e sim de abrir espaço para que ela floresça.

Necessitamos de instrumentos para remover os obstáculos à atividade criativa, venham estes de instituições venerandas que se dizem guardiãs da herança cultural, de comerciantes travestidos de mecenas ou do poder burocrático. Trata-se, em síntese, de defender a liberdade de criar, certamente a mais vigiada e coarctada de todas as formas de liberdade. Portanto, essa terá que ser uma conquista do esforço e da vigilância daqueles que crêem no gênio criativo de nosso povo.

* * *

Se admitimos que nosso objetivo estratégico é conciliar uma taxa de crescimento econômico elevada com absorção do desemprego e desconcentração da renda, temos de reconhecer que a orientação dos investimentos não pode subordinar-se à racionalidade das empresas transnacionais. Devemos partir do conceito de rentabilidade social a fim de que sejam levados em conta os valores substantivos que exprimem os interesses da coletividade em seu conjunto. Somente uma sociedade apoiada numa economia desenvolvida, com elevado grau de homogeneidade social, pode confiar na racionalidade dos mercados para orientar seus investimentos estratégicos. Essa discrepância entre racionalidade dos mercados e interesse social tende a agravar-se com a globalização. No caso da indústria automotora o problema parece simples, pois as empresas são de capital estrangeiro e o avanço tecnológico significa aumento dos custos em divisas. Mas, tratando-se de empresas nacionais, o mesmo fenômeno pode-se apresentar, pois a tecnologia mais avançada também se traduz em aumento de custos em divisas com crescente pressão na balança de pagamentos.

Contudo, não é esse o problema principal, e sim o impacto negativo no plano social. A tecnologia tradicional que seguiu a linha do fordismo tendeu a ser substituída pela organização em equipes, em busca de *flexibilidade*, e isso reduziu a capacidade dos assalariados de organizarem-se em poder sindical. Esse problema se apresenta de forma aguda no capitalismo mais desenvolvido, a começar pelos Estados Unidos, e está na raiz da tendência generalizada à concentração da renda.

Alcançamos, assim, o âmago do problema decorrente do avanço tecnológico. A orientação assumida por este traduz a necessidade de diversificar o consumo dos países de elevado nível de vida. As inovações nas técnicas de *marketing* passaram a ter importância crescente. A sofisticação dos padrões de consumo dos países ricos tende a comandar a evolução tecnológica. Só assim se explica o desperdício frenético de bens descartados como obsoletos e as brutais agressões na fronteira ecológica.

Como vimos, a evolução das técnicas do sistema capitalista é imprevisível. O dinamismo desse sistema é compulsivo e leva a fases recorrentes de tensões de resultados imprevisíveis. Grandes destruições causadas por guerras abriram o caminho a fases de extraordinária prosperidade. É dentro desse quadro de incertezas que devemos indagar em que direção caminhará nosso país? Se adotarmos a tese de que a globalização constitui um *imperativo tecnológico* inescapável, que levará todas as economias a um processo de unificação de decisões estratégicas, teremos de admitir que é reduzido o espaço de manobra que nos resta. O Brasil é um país marcado por profundas disparidades sociais superpostas a desigualdades regionais de níveis de desenvolvimento, portanto frágil em um mundo dominado por empresas transnacionais que tiram partido dessas desigualdades.

A globalização opera em benefício dos que comandam a vanguarda tecnológica e exploram os desníveis de desenvolvimento entre países. Isso nos leva a concluir que países com grande potencial de recursos naturais e acentuadas disparidades sociais — caso do Brasil — são os que mais sofrerão com a globalização. Isso porque poderão desagregar-se ou deslizar para regimes autoritários como resposta às tensões sociais crescentes. Para escapar a essa disjunção temos que voltar à idéia de projeto nacional, recuperando para o mercado interno o centro dinâmico da economia. A maior dificuldade está em reverter o processo de concentração de renda, o que somente será feito mediante uma grande mobilização social.

Temos de preparar a nova geração para enfrentar grandes desafios pois se trata, por um lado, de preservar a herança histórica da unidade nacional, por outro, de continuar a construção de uma sociedade democrática aberta às relações externas. Como as possibilidades de crescimento do mercado interno são grandes, há espaço para uma colaboração positiva da tecnologia controlada por grupos estrangeiros. Numa palavra, podemos afirmar que o Brasil só sobreviverá como nação se se transformar numa sociedade mais justa e preservar sua independência política. Assim, o sonho de construir um país capaz de influir no destino da humanidade não se terá desvanecido.

III

As raízes da globalização

As idéias sobre desenvolvimento econômico surgiram a partir do século XVIII, simultaneamente com a noção de *evolução* no campo das ciências da natureza. Dava-se como evidente que o homem sempre aspira a ascender a melhores condições de vida. Por seu lado, a noção afim de *progresso*, de raízes religiosas, ligava a conquista do bem-estar a ações meritórias que assumiam a forma de sacrifícios realizados no presente (poupança e investimentos) em troca de recompensas futuras. Esses sacrifícios legitimariam a dominação social graças à qual se viabiliza a acumulação de riquezas, abrindo o caminho para a divisão social do trabalho e o aumento da produtividade deste.

A partir do século XIX tomou-se consciência de que as sociedades fundam-se num pacto de dominação em benefício de minorias que empolgam o exercício do poder. Os movimentos de contestação social, que existiram desde a Antigüidade, adquiriram feição nova nos tempos modernos, pois já não eram simples *revoltas*, e sim reivindicações de reconstrução institucional com vista a elevar os níveis de bem-estar. Esses movimentos sociais constituíram traço fundamental da fase avançada do capitalismo industrial, e sua importância para a dinâmica deste só foi comparável à da inovação tecnológica.

Se nos concentramos no essencial, comprovamos que o capitalismo em sua fase avançada singularizou-se pela crescente utilização de riquezas — sob a forma de bens ou de conhecimentos — na produção de novas riquezas. Essa progressiva penetração do capital nos interstícios sociais é a razão de ser da difusão da racionalidade formal, traço marcante de nossa civilização.

De três ângulos podemos observar os avanços dos critérios de racionalidade na estruturação das formas sociais. Em primeiro lugar, estão a introdução e a difusão de novos processos produtivos, que aumentam a eficiência do trabalho humano ou criam produtos que alargam a gama das necessidades da população consumidora. Contudo, o novo capital só frutificará se encontrar escoadouro sob a forma de demanda solvível.

O segundo ângulo de observação se refere às transformações sociais criadas pelas novas formas de organização da produção. Esta, organizada em fábricas, acelera a urbanização e o regime salarial. E, com este, implantam-se novas condições de vida da massa trabalhadora, combinando melhorias reais e instabilidade. Produz-se então essa mutação qualitativa das estruturas sociais que é a emergência de organizações de trabalhadores na forma de sindicatos. Assim, o exercício do poder passa a ser objeto de disputa entre diferentes forças sociais.

O terceiro ângulo de observação nos descobre a crescente complexidade das formas de convívio social engendradas pela tomada de consciência da especificidade de interesses de grupos e classes sociais. É nesse quadro conflitivo que emerge o Estado nacional moderno, fruto da evolução das formas de poder de raiz patrimonialista. O traço mais característico da sociedade moderna é a capacidade do Estado de administrar conflitos e produzir consensos em torno de interesses aparentemente inconciliáveis. O dinamismo dessas sociedades é tanto maior quanto mais ampla é a área de conflitos sociais pendentes de arbitragem do poder estatal. Destarte, o que singulariza a sociedade industrial moderna é seu extraordinário dinamismo, gerado por sua capacidade de administração de conflitos sociais.

A conquista de mercados externos foi certamente fator decisivo na formação do capitalismo industrial em seus primórdios. Mas foi o crescimento dos mercados internos protegidos que alimentou o dinamismo das economias capitalistas na fase subseqüente de propagação planetária do processo de industrialização.

De qualquer ângulo que a abordemos, a economia industrial capitalista nos parece fadada à instabilidade. É que na raiz de seu extraordinário dinamismo está o poder da inovação tecnológica, a qual também opera no sentido de contrair a demanda. O mercado cresce impulsionado por forças sociais que atuam em conflito aparente com os interesses do capital. Em síntese, o reconhecido dinamismo dessa economia é engendrado pela interação de forças que expressam interesses aparentemente contraditórios.

Portanto, as forças que dão origem ao dinamismo capitalista tendem a gerar a instabilidade que caracteriza a civilização industrial, a qual veio crescendo até a grande crise do terceiro decênio do século xx. A tendência crônica à insuficiência de demanda explica o comportamento cíclico dessas economias industriais no passado e também a disputa agressiva por mercados externos. Tal disputa conduziu a grandes conflitos armados e às corridas armamentistas, que alcançaram o seu ápice nesse festival de irracionalidade conhecido como Guerra Fria.

A tendência à insuficiência de demanda, que os economistas clássicos chamaram de infraconsumo, está na origem de vários problemas surgidos na evolução do capitalismo industrial. O desemprego crônico não levou apenas à busca desesperada de mercados externos, também fez surgir em muitas comunidades a consciência de solidariedade, ponto de partida dos movimentos sociais que se manifestariam como lutas de grupos e classes.

Esses movimentos sociais tomaram vulto na segunda metade do século xix e contribuíram para a formação do poder sindical, fator relevante no processo formativo das instituições do capitalismo industrial. Na sociedade civil contemporânea, graças à participação ativa dos trabalhadores organizados, o controle do poder estatal sofreu significativas modificações. O monitoramento macroeconômico da demanda seria uma das conquistas da revolução keynesiana. A criação de capacidade produtiva já não causaria necessariamente a insuficiência de mercados e nem conduziria compulsivamente a esses mercados artificiais que são os gastos militares. Graças à atuação de forças sociais organizadas, os salários tenderiam a crescer, assim como os dispêndios públicos de interesse social.

A verdade é que a evolução da economia capitalista pareceu apontar, na segunda metade do século xx, para um estágio superior de desenvolvimento no qual se conciliaram um elevado nível de utilização da capacidade produtiva e a redução das desigualdades sociais, com o aprimoramento do fator humano. Durante esse período, chamado de "glorioso" por um economista contemporâneo, os dois vetores a que nos referimos — o avanço técnico e as pressões sociais — atuaram de forma convergente. Mas cabe reconhecer que esse quadro evolutivo esteve ligado ao clima de "paz armada" que então justificou uma forte expansão dos gastos públicos. E que também apontou para uma presença crescente do Estado e uma participação, igualmente crescente, dos movimentos sociais, levando a desequilíbrios inflacionários e à exacerbação dos conflitos sociais. A consequente desarticulação das estruturas políticas está na origem da implantação hegemônica do poder das grandes empresas.

A promessa de mudança de rumos do processo histórico, anunciada com o fim da Guerra Fria, frustrou-se cabalmente. A velha utopia de um futuro radioso com a hegemonia, no plano político, das massas trabalhadoras, herdada da aurora da ideologia socialista, tende a cumprir-se perversamente em benefício de estruturas empresariais transnacionais. A forma original de dominação que havia prevalecido nos primórdios do capitalismo industrial ressurge tutelada por uma estrutura de poder transnacional. Empresas que têm o domínio da criatividade tecnológica operam crescentemente fora do controle das estruturas de poder nacionais.

A atuação da empresa de âmbito planetário constitui mutação maior na evolução do sistema capitalista, pois desloca para posição subalterna as forças sociais que estavam em ascensão e modifica substancialmente o papel do Estado nacional. Nessa nova fase do quadro evolutivo, a criação tecnológica — principal fonte de poder — está orientada de preferência para as atividades ligadas à informática e às comunicações, visando reduzir distâncias e aumentar a eficácia das estruturas de dominação. A concentração de poder impõe-se, portanto, como o processo dominante.

A transnacionalização das empresas, no quadro da globalização de segmentos crescentes das estruturas econômicas, acarreta a atrofia das funções estatais, o que exige reciclagem profunda das estruturas tradicionais de poder. É natural que nos interroguemos sobre a natureza das instituições políticas que emergirão num mundo de Estados nacionais sem atributos de soberania.

A nossa será lembrada como a era dos conflitos, das conquistas sociais e das confrontações ideológicas. E também terá sido a época em que se previu o declínio do papel do indivíduo na história. A crença no *progresso*, que nos legou o Iluminismo, se desvanece.

Os avanços espetaculares da biotecnologia também estão exigindo um reexame profundo das relações entre fins e meios no que concerne à criação científica, pois o impacto desta no mundo real é cada vez mais imprevisível. É notório o caso das experiências de clonagem de células animais e das que se anunciam de seres humanos. Os investimentos que se orientam nessa direção são de grande monta. Ora, o avanço das ciências naturais, que tantos benefícios já trouxeram à humanidade, na fase atual ameaça a própria sobrevivência desta. Reproduz-se de forma insidiosa a saga das conquistas espetaculares da física nuclear, cujo saldo é uma ameaça potencial de destruição em escala antes desconhecida.

A conquista maior que realizou nossa geração foi dar início à construção de instituições, como as Nações Unidas, dedicadas à árdua tarefa de cimentar a solidariedade entre os homens. Dessa solidariedade depende a própria sobrevivência de nossa civilização.

IV

As duas vertentes da civilização industrial

O processo de mudança social que veio a ser conhecido como desenvolvimento econômico somente é apreendido em toda a sua complexidade quando o relacionamos com a idéia de criatividade. Simplesmente para reproduzir-se, as sociedades humanas necessitam de meios de defesa e adaptação, cuja eficácia reflete a aptidão de seus membros para o pensamento abstrato e para tomar decisões em face da incerteza. A emergência de um excedente — gerado pelo intercâmbio com outros grupos humanos ou simplesmente por acesso a recursos naturais mais generosos — abre um horizonte de opções: já não se trata de reproduzir o que existe, e sim de ampliar o campo do que é imediatamente possível. O excedente constitui, portanto, um desafio à inventividade. Ora, se os grupos humanos se empenharam por toda parte em ter acesso a novo excedente, é que a vida social gera um potencial de energia cuja liberação requer meios adequados. Esse processo liberador de energia humana constitui a fonte última do que conhecemos como desenvolvimento econômico. Ele dá origem a valores culturais.

A gama de culturas que surgiram na Terra testemunha o potencial de inventividade do homem. Se algo sabemos do processo de criação cultural é exatamente que as potencialidades do homem são insondáveis: em estágios de acumulação que hoje nos parecem extremamente modestos produziram-se civilizações que, em determinados aspectos, não foram superadas.

O processo criativo apresenta-se de forma descontínua, com abruptas mudanças de nível e longos períodos de estagnação. Que em menos de um século o teatro clássico grego haja evoluído até alcançar sua forma definitiva jamais superada, como observa com convicção esse tradutor apaixonado de Sófocles que foi Hegel, é indicação de que uma cultura pode atravessar períodos de frenética criatividade.

* * *

Se pouco sabemos das leis que regem o processo de criatividade cultural, não temos dúvida de que o campo do possível no que concerne a essa criatividade é mais amplo do que, sob influência de tradições religiosas e filosóficas, somos inclinados a pensar. Uma comparação, mesmo superficial, da filosofia grega, de tão profunda influência na formação do homem moderno — filosofia essencialmente voltada para a observação do mundo sensível —, com a filosofia hindu, orientada para a experiência subjetiva, para os conflitos morais inerentes à condição humana é suficiente para dar-nos uma idéia da amplidão do horizonte em que se move a inventividade dos homens. Contudo, o essencial da atividade criadora manifesta-se num espaço estruturado. A sociedade primeiro reproduz-se e, ao fazê-lo, imprime uma coerência diacrônica à cultura. O processo de inovação segue normas das quais só se libera quando se produzem as descontinuidades assinaladas.

A civilização industrial resulta da ação convergente de dois processos de criatividade cultural: a revolução burguesa e a revolução científica. Revolução burguesa entendida como imposição da racionalidade instrumental à organização da produção, e revolução científica entendida como predominância da visão da natureza, a qual é considerada como sistema dotado de uma estrutura racional e escrita em caracteres geométricos, segundo a expressão de Galileu. A interação desses dois processos está longe de ser evidente, particularmente em suas fases iniciais, e continua a desafiar a argúcia dos que se interessam por deslindar as fontes primárias da civilização industrial.

A aplicação dos critérios de racionalidade à organização da produção não era outra coisa senão a quantificação de todos os ingredientes do processo produtivo, vale dizer, a redução deste a esquemas geometrizáveis. O qualitativo foi evacuado de toda especificidade, perdendo significação por não poder ser reduzido ao quantitativo. Dessa forma, o núcleo central da estrutura social — a organização da produção — passou a ser moldado pelas técnicas do pensamento quantitativo. Por um lado, a ação do homem como agente transformador do mundo tendeu a ser consciente, posto que passível de ser programada, e suas implicações, passíveis de serem previstas. Por outro lado, à medida que processos sociais de grande relevância passaram a estruturar-se com base no cálculo, o comportamento dos agentes sociais em outras esferas tendeu a refletir essas estruturas, espécie de balizamento que passa a ser visto como substrato mesmo da ordem social. Expandiu-se o segmento da realidade social estruturado em critérios de racionalidade, sendo vista essa expansão como a manifestação da Razão na História.

A visão do mundo com base no qualitativo foi relegada ao plano da consciência pré-racional ou ingênua, ou foi desviada para a esfera não-cumulativa da intuição artística. O neoplatonismo galileano, ao produzir uma linguagem que será comum à visão da natureza e à prática social, apresenta-se como autêntica mutação no plano cognitivo, vetor do programa pelo qual se pautará subseqüentemente a criatividade. Nessa nova perspectiva, organizar a produção com base em critérios racionais não era outra coisa senão submeter-se às "leis da natureza". As mesmas leis gerais, que regem as coisas utilizadas pelo organizador da produção, regem os homens, assimilados a elementos dessa produção. A mutação é claramente perceptível na transformação do discurso, de filosófico para científico. Sendo a própria linguagem em que está escrito o "livro da natureza", como pretende Galileu, esse discurso pode ser corrigido e completado, mas não substituído. Sua veracidade é assimilada à validade prática, que se circunscreve à coerência da ação, situando-se os fins noutro plano cognitivo.

O comportamento racional com respeito a um fim predeterminado é comum a todas as culturas, pois decorre da prática do trabalho produtivo. Nesse caso, as regras da lógica fluem naturalmente de uma comparação entre os fins propostos e os resultados obtidos. Assim, a técnica deve ser concebida como uma extensão voluntária das funções do organismo humano: das mãos, dos braços, do cérebro. Este foi o ponto de partida de Arnold Gehlen para demonstrar que existe um laço imanente entre a técnica e a estrutura da atividade racional. Ao ligar a preeminência da racionalidade instrumental à economia capitalista, Max Weber pôs em evidência a dimensão histórica do problema.

A revolução burguesa foi a implantação do tipo de dominação social conducente à comercialização dos chamados elementos da produção, o que implica estruturar o processo da produção com base em critérios de racionalidade instrumental. Setores importantes da ordem social — o trabalho produtivo e as atividades correlatas de parcela crescente de membros da sociedade — passam a ser regulados por normas racionais sem que os objetivos últimos que regem tais normas sejam necessariamente evidentes para as pessoas implicadas. O controle direto da terra e dos homens tende a ser substituído pelo controle das técnicas, que asseguram a eficiência da organização da produção, como base da estrutura de poder. Os fundamentos da legitimidade do sistema de dominação social se modificam, como observou Karl Marx e, mais tarde, Herbert Marcuse. O que interessa frisar é que a racionalidade instrumental passa a ser o cerne da prática social.

A difusão da racionalidade instrumental no tecido social (a *racionalização* a que se refere Weber) é menos decorrência da prática do intercâmbio e do uso da moeda — da extensão do "mundo da mercadoria" — do que da subordinação do conjunto das atividades sociais à acumulação. Nas sociedades capitalistas de forte acumulação, a *racionalização* avança muito mais rapidamente do que nas de acumulação lenta. Ademais, nas sociedades em que a civilização industrial penetrou por outra via que não o capitalismo, ou seja, pela planificação centralizada, e que se dotaram de um forte mecanismo de acumulação, o processo de racionalização também se manifestou com virulência.

Quanto mais intensa a acumulação no sistema de produção, mais distantes no tempo os objetivos que devem ordenar a cadeia de decisões. Portanto, maior a necessidade de programação e mais ampla a faixa de atividades colaterais que podem intervir no processo. Assim, a ascensão, na estrutura de poder, de grupos sociais em condições de impor à sociedade um forte ritmo de acumulação tende a ampliar a área social submetida a critérios de racionalidade instrumental. A difusão das práticas sociais exigidas pela acumulação nas forças produtivas produziria o clima mental receptivo ao discurso "científico". Tudo se passou como se a prática social estivesse preparando o homem para assimilar a visão abstrata do mundo, que corresponde aos novos conceitos da ciência galileana. E assim puderam ser vencidas as grandes resistências antepostas pela visão tradicional do mundo.

Cabe razão a Habermas quando afirma que, durante muito tempo, a contribuição da ciência ao processo de "modernização" foi essencialmente indireta: induzindo a uma interpretação filosófica que levava a explicar a natureza e a sociedade a partir das ciências naturais. Mas convém insistir em que a "dessacralização" da natureza e a "secularização" da sociedade foram preparadas por práticas sociais que refletiam as exigências da acumulação.

* * *

Os impulsos mais fundamentais do homem, gerados pela necessidade de auto-identificarse e situar-se no universo, e que são a matriz da atividade criadora — a reflexão filosófica, a meditação mística, a invenção artística e a pesquisa científica básica —, de uma ou outra forma, foram subordinados ao processo de transformação do mundo físico, comandado pela acumulação. Atrofiaram-se os vínculos da criatividade com a vida humana concebida como um fim em si mesma, e hipertrofiaram-se suas ligações com os instrumentos que utiliza o homem para transformar o mundo.

Na economia capitalista o processo de acumulação marcha sobre dois pés: a inovação, que permite discriminar entre consumidores, e a difusão, que conduz à homogeneização de certas formas de consumo. Ao consumidor cabe um papel essencialmente passivo. Sua racionalidade consiste em responder "corretamente" a cada estímulo a que é submetido. As inovações apontam para um nível mais alto de gastos, marca distintiva do consumidor privilegiado. Mas o padrão inicialmente restritivo terá de ser superado e difundido a fim de que o mercado cresça em todas as dimensões.

Todo objeto de uso final, que não procede diretamente da natureza, é fruto da invenção humana, é um "objeto de arte". Seu fim é enriquecer a existência dos homens. Aquele que constrói sua moradia aí põe seu engenho para dotar-se de um ambiente que lhe faça a vida mais agradável. O mesmo se pode dizer de tudo o que é expressão imediata da personalidade humana. Quando esses objetos são adquiridos no mercado, a participação do indivíduo na ordenação da própria vida tende a assumir a forma de simples mimetismo social. A vida como projeto pessoal tende a ser substituída por processos adaptativos. O indivíduo pode reunir em torno de si uma miríade de objetos sem ter em nada contribuído para a criação dos mesmos. A invenção de tais objetos está subordinada ao processo de acumulação, que encontra na homogeneização dos padrões de consumo uma poderosa alavanca.

Todas as formas que assume a criatividade humana podem ser postas a serviço da acumulação. Mas aquelas cujos resultados são por natureza cumulativos — a ciência e a tecnologia — é que melhor satisfazem as exigências desse processo, o que explica a posição privilegiada que ocupam na civilização industrial. Posta a serviço da acumulação, a inventividade humana será levada ao paroxismo, dando origem a uma civilização em que os homens são expostos, em uma fração de suas vidas, a mais inovações do que conhecera a humanidade em toda a história anterior.

Esse frenesi criador se exerce num espaço delimitado pela racionalidade instrumental: o homem é aí identificado como objeto susceptível de ser analisado e programado. A inventividade não-cumulativa — mais precisamente, toda criação ligada à consciência de valores substantivos — tendeu a minguar nesse contexto cultural comandado pela lógica dos meios, a qual leva a uma visão fragmentária do homem. Assim, no mundo artístico, o conceito de estilo, que propiciava uma visão global, tende a ser substituído pelo conceito de liguagem. Linguagens formalizadas em uma terminologia analítica transposta da matemática invadiram os manuais de composição musical. Uma concepção da pesquisa inspirada no reducionismo científico tendeu a ocupar espaço crescente nas academias de arte. Por outro lado, as criações artísticas de épocas anteriores foram isoladas de seu contexto, desvinculadas do espírito da época que as produziram, conforme as exigências dos processos de difusão comercial.

* * *

As formas sociais constituem uma esfera da invenção cultural em que é particularmente difícil estabelecer a linha demarcatória entre fins e meios. A invenção de novos tipos de associação entre membros de uma sociedade e a institucionalização das relações (de cooperação ou conflitivas) entre indivíduos e grupos são a expressão da capacidade criadora do homem em uma de suas formas mais nobres. Assim, na evolução do capitalismo, a invenção da sociedade anônima — instituição por um grupo de pessoas privadas de uma entidade com personalidade autônoma e vida indefinida — constitui autêntica mutação. Ademais, a invenção da greve — essa instituição *sui generis* que possibilita o uso controlado da violência fora do Estado — não terá sido mutação de menor alcance.

Expressão superior da convivência política, a criação de novas formas sociais é certamente inseparável de um sistema de valores. Com efeito, a necessária legitimidade pressupõe a consciência de fins no pacto social. Não se ignora que na atividade política os aspectos operacionais podem ganhar considerável importância, dado que o avanço das técnicas de coleta e manipulação da informação produz necessariamente hipertrofia do poder burocrático. Contudo, na vida social nada é mais indicativo de canalização de forças criadoras para os fins do que a existência de atividade política.

Nesse campo, as sociedades que emergiram da revolução burguesa revelaram possibilidades extraordinárias. O processo de acumulação opera como elemento propulsor de um sistema de forças sociais de grande complexidade: se no plano da civilização material a criatividade pode ser reduzida analiticamente a relações de causalidade, no das formas sociais faz-se necessário projetá-la na tela de fundo das contradições inerentes à vida social. Os avanços e recuos de um processo de acumulação de comando descentralizado refletem-se na estrutura social sob a forma de antagonismos, e favorecem a conscientização de grupos e classes. O pluralismo institucional dessas sociedades tem aí plantadas suas raízes.

A atividade política é condição necessária para que se manifeste a criatividade no plano institucional, vale dizer, para que se inovem as formas sociais de maneira a reduzir as tensões que necessariamente gera a própria acumulação. Esta visa preservar o sistema de dominação social mas não se efetiva sem transformações sociais, o que a torna dependente de inovações. A ampliação dos canais de acumulação — a possibilidade de criar grandes unidades produtivas — levaria à formação de vastos conglomerados de trabalhadores com interesses comuns, abrindo a porta a novas formas de ação política. O fogo cruzado da concorrência entre empresas e da luta de classes engendrou um complexo sistema de arbitragem e uma miríade de leis e normas cuja simples atualização requer intensa atividade política.

Ao lado do pluralismo ideológico que alimenta a atividade política das sociedades capitalistas, operam superideologias de função essencialmente moderadora. O "nacionalismo", a "segurança nacional", a "defesa da família" ou da "civilização cristã" são exemplos dessas superideologias que se invocam acima das estruturas de classes, a fim de impor maior disciplina social ou frear um processo de mudanças que ameaçam interesses no quadro do pluralismo ideológico existente. As superideologias reforçam as estruturas de poder, portanto operam em benefício dos grupos hegemônicos.

* * *

Nas sociedades em que a difusão da civilização industrial deu-se em conseqüência de sua inserção no sistema de divisão internacional do trabalho — sociedades em que se configura o quadro estrutural que hoje conhecemos como dependência —, as projeções sociais da acumulação mais rápida assumem características próprias. Na fase primário-exportadora a acumulação é de pouca monta no sistema produtivo, razão pela qual a massa da população permanece no quadro do sistema tradicional de dominação social. A própria escravidão pôde ser conservada por muito tempo a serviço da produção de matérias-primas, no quadro do sistema de divisão internacional do trabalho surgido com a revolução industrial. A atividade política nesse caso se reduzia a confrontações entre grupos que se dividiam o excedente, particularmente entre aqueles que exerciam tutela sobre a massa trabalhadora, mediante o controle do acesso à terra, e os que controlavam os canais de comercialização e tinham acesso direto aos centros metropolitanos de poder. Situações desse tipo produziram contrafações de sistemas políticos democráticos que emergiram no século XIX: o parlamentarismo escravista do Brasil é um bom exemplo.

A industrialização tardia das economias que seriam chamadas posteriormente de periféricas exige um tratamento teórico à parte. O potencial acumulativo dessas economias logo se mostrou insuficiente em face das exigências de uma tecnologia engendrada por economias de níveis de produtividade muito mais elevados. Em realidade, a industrialização tardia gerou antinomias mais agudas do que as que caracterizaram a evolução do capitalismo nos países que conheceram a revolução burguesa. Com efeito, as projeções no plano político não tiveram a mesma relevância. Assim, no capitalismo periférico a massa da população é mantida sob tutela, pois sua participação no processo político faz-se sob o controle de agentes que integram a estrutura tradicional de poder. Falhas ocasionais dessas estruturas levam à emergência de lideranças "populistas", cujos "excessos" conduzem a purgas autoritárias. Tanto por via populista como por via autoritária penetram reformas estruturais e inovações por vezes de real alcance. Contudo, tais reformas, mesmo quando correspondem a necessidades do processo de acumulação, alimentam-se mais do mimetismo ideológico do que de autêntica criatividade política.

Uma comparação, mesmo superficial, dos dois processos históricos que levaram à industrialização — o dos países cêntricos e o dos periféricos — evidencia que, no primeiro caso, os conflitos sociais e a atividade política a eles ligados constituem o elemento propulsor das transformações estruturais, que são a substância do que veio a se chamar "desenvolvimento". Sem essas transformações o processo de acumulação nas forças produtivas não teria prosseguido além de certos limites. A civilização material engendrada pela industrialização não é outra coisa senão o conjunto de manifestações externas de um processo de criatividade cultural que abrange amplas esferas da vida social. A panóplia de bens que tem à sua disposição o membro da moderna sociedade de consumo constitui a resultante momentânea de longo processo histórico, no qual a reprodução de estruturas sociais, sempre postas em xeque, ocorre num quadro altamente dinâmico. Se é certo que prevalece a lógica dos meios na orientação da acumulação — o que assegura a reprodução do sistema de dominação social — também é verdade que a ação política abre espaço para confrontações que favorecem a formação de consciência crítica e engendram movimentos contestadores.

No segundo dos processos históricos referidos — a industrialização periférica — as transformações estruturais são um esforço de adaptação em face do transplante maciço de técnicas geradas em sociedades que se encontram em fase bem mais avançada no processo de acumulação. Ao contrário do ocorrido no primeiro caso, nenhuma evidência existe de que a industrialização retardada conduz a formas sociais estáveis ou capazes de gerar uma consciência crítica. A crescente heterogeneidade social, que tem na "marginalidade urbana" apenas um de seus sintomas alarmantes, parece apontar em direção oposta. Uma instabilidade crônica responde por vagas recorrentes de autoritarismo repressor das forças sociais. Inexiste o esforço inventivo no plano político graças ao qual o desenvolvimento é a expressão final da capacidade criativa de uma sociedade.

Cabe, portanto, reconhecer que os povos do mundo periférico se confrontam com uma dupla crise: a da própria civilização industrial, decorrente do avanço progressivo da racionalidade instrumental, e a específica das economias periféricas, cuja situação de dependência cultural tende a agravar-se.

V

A responsabilidade do economista

É da alçada dos economistas a análise dos grandes desequilíbrios que estão na raiz dos graves problemas do mundo contemporâneo. O jovem aplicado que criteriosamente fez o seu curso de economia, entre nós, terá conseguido um razoável conhecimento das múltiplas dependências dessa mansão senhorial que é a teoria dos preços. Estará em condições de dissertar sobre a teoria do comportamento do consumidor e do equilíbrio da firma. Terá dado múltiplas voltas em torno das teorias monetárias. Conhecerá muitas doutrinas sobre o ciclo econômico, mesmo se, no fundo, estiver convencido de que todas elas dizem a mesma coisa. Finalmente, haverá lido de forma assistemática muito material sobre desenvolvimento econômico, conquanto nem sempre tenha encontrado conexão clara entre essas leituras e a realidade.

Ao enfrentar-se com o mundo real, esse economista provavelmente se sentirá frustrado ao extremo. Se for trabalhar numa empresa privada, logo se dará conta de que a análise marginal não possui qualquer alcance prático. Em pouco tempo perceberá que é muito mais importante compreender as limitações de natureza administrativa e as controvérsias de tipo fiscal do que conhecer a especulação teórica. A desorientação será ainda maior se o economista for convocado para o setor estatal.

Qual a razão dessas perplexidades e que fazer para atenuá-las? Toda ciência trabalha com esquemas conceituais, mas testa esses esquemas confrontando-os com a realidade. Para um economista, observar o mundo real é saber esquematizá-lo, simplificá-lo. Como ainda não existe um corpo de teorias elaboradas para explicar o comportamento de uma economia subdesenvolvida, semi-industrializada, com insuficiência crônica de capacidade para importar, com excedente estrutural de mão-de-obra, como é a nossa, não é de admirar que o diplomado em economia saia de sua escola e enfrente o mundo real com mais dúvidas e perplexidades do que certezas.

Recordo-me de minha experiência como economista e pensador. Ela vem de mais de meio século, de uma época em que nem sequer estava regulamentada a profissão entre nós, e quando os primeiros contatos de um estudante com a matéria econômica davam-se em outros cursos, como o de Direito, que concluí em 1944.

Desde que voltei de Paris, em 1948, com o título de doutor em economia pela Universidade da Sorbonne, e passei a me dedicar a essa disciplina, percebi que, se me atrevesse a usar a imaginação, conflitaria com o *establishment* do saber econômico da época. A alternativa seria reproduzir o saber convencional, particularmente pobre no Brasil.

Muito cedo organizei meu pensamento sobre o Brasil. O ponto de partida foi minha tese, preparada sob a direção do professor Maurice Byé em 1948. Um ano depois, eu publicava meu primeiro estudo analítico das transformações da economia brasileira no século xx. Nesse ensaio estavam os germes do que seria, dez anos mais tarde, meu livro *Formação econômica do Brasil*.

Foi na CEPAL, contudo, que reuni a informação disponível sobre a economia brasileira, ficando muito surpreso ao constatar que o Brasil era uma economia atrasada na própria área latino-americana. Foi um choque, mas também um desafio. Seria nosso povo inferior, como tanta gente pensava, fora e dentro do país? Que outra explicação poderia haver? A teoria do crescimento econômico que vinha sendo elaborada no imediato pós-guerra produzira uma dinamização aistórica de modelos macroeconômicos, na linha keynesiana ou na neoclássica, conforme a natureza da função de produção implícita. Ora, a indagação sobre as causas do *atraso* só adquire pertinência se concebida historicamente, o que exigia outra abordagem teórica.

No caso brasileiro, já haviam sido desacreditadas as teorias de inferioridade de raça e inadequação de clima. Assim, para compreender as razões do *atraso* de um país que reunia as potencialidades do Brasil, voltei-me para a história. Essa visão global derivada da história, ao apoiar-se no conceito de sistema de forças produtivas, produziu o enfoque que viria a ser chamado de "estruturalista". Este não tinha relação direta com a escola estruturalista francesa, cuja orientação básica consistia em privilegiar o eixo das sincronias na análise social, o que a levou a construir uma sintaxe das disparidades nas organizações sociais. O nosso estruturalismo, surgido nos anos 50, empenhou-se em destacar a importância dos parâmetros não-econômicos dos modelos macroeconômicos. Como o comportamento das variáveis econômicas depende em grande medida desses parâmetros, que se definem e evoluem num contexto histórico, não é possível isolar o estudo dos fenômenos econômicos de seu quadro histórico. A observação é particularmente pertinente com respeito a sistemas econômicos heterogêneos, social e tecnologicamente, como é o caso das economias subdesenvolvidas.

O esforço para compreender o *atraso* brasileiro levou-me a pensar na *especificidade* do subdesenvolvimento. Que caminhos nos haviam trazido ao subdesenvolvimento? A razão do nosso atraso estaria no fato de que a classe dirigente brasileira foi incapaz de inserir o país no processo de industrialização que criou a civilização moderna no século xix? Os que viram claro nessa matéria, como Mauá, tinham sido vencidos pelos latifundiários escravistas. Tratava-se, então, de um estágio evolutivo ou de uma conformação estrutural que tende a reproduzir-se? Ao introduzir a dimensão histórica, fui levado também a colocar uma questão metodológica: que contribuição podiam dar as ciências sociais, em particular a economia, ao estudo da história? Pergunta similar vinha sendo feita pelos historiadores europeus da *Ecole des Annales*. Eles buscavam ajuda nas ciências sociais, e nós, partindo destas, buscávamos a resposta na história. Minha indagação partia da idéia de que o subdesenvolvimento, por sua especificidade, estava fora do alcance explicativo das teorias do crescimento econômico. Convenci-me desde então de que o subdesenvolvimento era a resultante de um processo de dependência, e que para compreendê-lo era necessário estudar a estrutura do sistema global: identificar as invariâncias no quadro de sua história.

Nos anos 40 e início dos 50, o debate no Brasil era para se esclarecer se se devia, ou não, privilegiar a política de industrialização do país. Traduzindo em termos atuais: qual seria a melhor forma de promover o desenvolvimento? Adotar uma política industrial ou tudo confiar ao mercado? A resposta a essa questão, tanto na época como hoje, não é independente de se estabelecer quais as forças sociais que comandam as decisões econômicas estratégicas. Nos anos a que me refiro, as forças sociais dominantes no Brasil estavam ligadas aos interesses rurais e aos do comércio exterior.

Recordo-me de que, já como técnico da CEPAL, participei de uma reunião de empresários latino-americanos que teve lugar em Santos, em fins de 1949. O tema central do debate foi o do custo da industrialização que conheceram os países da região durante o conflito mundial. A opinião predominante era a de que convinha tornar à forma clássica de desenvolvimento, apoiada nas vantagens comparativas do comércio internacional. Essa era a boa doutrina aceita universalmente. Em minha intervenção, referi-me discretamente à conveniência de explorar as oportunidades de industrialização.

Na verdade, desde os anos 30 se começara a questionar o modelo de economia "essencialmente agrícola" defendido pela classe dominante brasileira. Fui dos primeiros a denunciar o agrarismo como causa de nosso atraso. Um país da extensão e heterogeneidade social do Brasil não podia depender da agricultura extensiva para se desenvolver. Isso hoje parece elementar, mas meio século atrás era motivo de acalorada polêmica. A verdade é que mais de 90% das exportações brasileiras eram de produtos primários agrícolas, e os interesses ligados ao comércio exterior é que ocupavam as posições de mando no país.

Não que o país fosse totalmente destituído de indústrias. Já havia a matriz de um núcleo industrial, cuja representação se circunscrevia a certas áreas. O que não havia era sistema industrial capaz de autogerar o seu dinamismo. O ritmo da atividade econômica era comandado do exterior, portanto, pelas atividades primárias. O problema não se limitava a depender da importação de tecnologia e de equipamentos para crescer, e sim dispor de uma classe dirigente capaz de formular um projeto de transformação do país. O projeto de modernização do país teria de apoiar-se nessas forças. Quando me convenci de que a classe industrial nascente podia assumir esse papel histórico, me pus a trabalhar para forjar os instrumentos de que ela necessitava para desempenhá-lo.

Mas, se havia um projeto de transformação do país, em estado virtual, a verdade é que o pensamento mais sofisticado, os professores mais ilustres, estavam do outro lado da barricada. Ainda nos anos 50, a ciência econômica acadêmica criava obstáculos à formulação de uma política de industrialização do Brasil, e essa doutrina contava com fortes apoios externos. Havia, portanto, um imperialismo velado a ser enfrentado com muito cuidado, a fim de não assanhar as hostes "anticomunistas".

Uma das armas desse combate foi o acordo feito entre a CEPAL e o recém-criado Banco Nacional de Desenvolvimento Econômico. Eram meados dos anos 50, e vim para o Brasil, no quadro desse acordo, para fazer um estudo de projeções da economia brasileira, que acabou servindo de base para Juscelino Kubitschek elaborar o seu Plano de Metas. Na época, foi uma pesquisa de vanguarda, pois não se conheciam técnicas de planejamento de base macroeconômica. Eu dirigira um núcleo de trabalho na CEPAL que havia preparado um manual de Técnica de Planejamento, e este agora estava sendo usado pela primeira vez. Tratava-se de uma estratégia de desenvolvimento baseada na identificação das principais variáveis macroeconômicas e pontos de estrangulamento estruturais, particularmente aqueles ligados às relações externas.

Nada era fácil. No começo dos anos 60, já à frente da Superintendência de Desenvolvimento do Nordeste (SUDENE), parecia-me claro que as forças sociais que lutavam pela industrialização não tinham suficiente percepção da gravidade do quadro social do país, e tendiam a aliar-se ao latifundismo e à direita ideológica contra o fantasma das organizações sindicais nascentes. Foi quando compreendi que muitas águas ainda iam rolar antes que emergisse uma sociedade moderna no Brasil.

Tais dificuldades apenas me confirmavam na idéia de que era fundamental aprofundar a percepção de que o subdesenvolvimento era um processo histórico específico, que requeria um esforço autônomo de teorização. Minhas reflexões sobre esse quadro histórico estão na base do que chamei de *teoria do subdesenvolvimento*. Com efeito, o subdesenvolvimento é um processo histórico autônomo, que nada tem a ver com o atraso e com a estagnação. Não é uma etapa pela qual tenham passado necessariamente as economias que já alcançaram grau superior de desenvolvimento. É uma forma de crescimento com certas características particulares, que são uma verdadeira armadilha histórica. Com crescimento econômico, há elevação de renda da população. Com modernização, há a adoção de novas formas de vida, imitadas de outras sociedades que, estas, se beneficiam de autêntica elevação de produtividade física.

É a partir do conceito de desenvolvimento que se pode afirmar que o homem é um elemento de transformação, agindo tanto sobre o contexto social e ecológico como sobre si mesmo. Uma vez o equilíbrio dinâmico atingido, o homem avança no sentido de realizar suas potencialidades. A reflexão sobre o desenvolvimento traz em si mesma uma teoria do ser humano, uma antropologia filosófica. Somente uma sociedade aberta — democrática e pluralista — é apta para um verdadeiro desenvolvimento social. Mas, como desconhecer que nos países do Terceiro Mundo — dadas as condições atuais de entrosamento internacional dos sistemas produtivos e dos circuitos financeiros — as estruturas de privilégios praticamente são irremovíveis? Empiricamente se comprova que nos países ricos a sociedade é cada vez mais homogênea, no que respeita as condições básicas de vida, e, no mundo subdesenvolvido, ela é cada vez mais heterogênea. Não surpreende, portanto, que esta época de grande enriquecimento da humanidade seja também de agravação da miséria de uma ampla maioria.

Se tivesse que singularizar uma idéia sintetizadora de minhas reflexões de economista sobre a história, diria que ela se traduz na dicotomia *desenvolvimento-subdesenvolvimento*, que utilizei como título do livro em que reuni meus primeiros ensaios de teoria econômica. A idéia de que pode haver crescimento sem desenvolvimento sempre esteve no centro de minha reflexão teórica.

Hoje, faço uma reflexão complementar: o desenvolvimento dos países que estão na vanguarda do progresso tecnológico também parece haver tomado uma direção errada, que leva a outro tipo de bloqueio. Há mais de vinte anos já me parecia claro que a entropia do universo aumenta, isto é, que o processo global de desenvolvimento tem um considerável custo ecológico. Mas só agora esse processo se apresenta como uma ameaça à própria sobrevivência da humanidade. O fato é que a civilização industrial e o modelo de vida por ela engendrado têm um custo considerável em recursos não-renováveis. Generalizar esse modelo para toda a humanidade, o que é a promessa do chamado desenvolvimento econômico, seria apressar uma catástrofe planetária que parece inevitável se não se mudar o curso desta civilização.

Estamos vivendo nova fase dessa luta. A integração política planetária, em avançado processo de realização, está reduzindo o alcance da ação reguladora dos Estados nacionais. Por conseguinte, a organização da atividade produtiva tende a ser planejada em escala multinacional e planetária, em prejuízo do poder de negociação das massas trabalhadoras. Daí a intensificação desse processo duplo e perverso que é o desemprego e a exclusão social, por um lado, e a concentração de renda, por outro.

Sinteticamente, foram essas as linhas gerais de minha trajetória e, também, de minhas perplexidades. Ao cabo de uma jornada de meio século, parece-me claro que o quadro a que me referi no início complicou-se consideravelmente. Permito-me arriscar-me a abrir algumas pistas para a orientação dos jovens (e menos jovens) economistas.

O valor do trabalho de um economista, como de resto de qualquer pesquisador, resulta da combinação de dois ingredientes: imaginação e coragem para arriscar na busca do incerto. As ciências, e aqui incluo as sociais, e em particular a economia, evoluem graças aos que são capazes de ultrapassar certos limites. Mas não basta armar-se de instrumentos eficazes para alcançar esse objetivo. Atuar de forma consistente no plano político, portanto, assumir a responsabilidade de interferir num processo histórico, impõe ter compromissos éticos. A ciência é uma maravilhosa criação do homem, mas em parte considerável é condicionada pela sociedade onde surge. Se no século XIX surgiram teorias tão sofisticadas sobre diferenças raciais, não foi sem relação com a política expansionista de certos povos europeus. As ciências sociais ajudam os homens a solucionar problemas práticos de várias ordens, mas também contribuem para conformar a imagem do mundo que prevalece em certa sociedade. Assim, podem servir de cimento ao sistema de dominação social que legitimam. É freqüente, portanto, que as estruturas de poder procurem cooptar os homens de ciência.

A economia vai avançando na busca do formalismo, na adoção dos métodos que fizeram a glória das ciências naturais. Ora, o objeto de estudo das ciências sociais não é algo perfeitamente definido como um fenômeno natural, e sim algo em formação, sendo criado pela vida dos homens em sociedade. A ciência social admite a evidência de que a vida humana é, em grande parte, um processo criativo consciente, o que implica postular o princípio da responsabilidade moral.

Minha longa caminhada foi balizada por duas referências que creio maiores: o compromisso ético com valores universais e a confiança na liderança de forças sociais cujos interesses se confundem com os da coletividade nacional.

Hoje posso dizer que fui um heterodoxo. E acrescentar que as heterodoxias, assim como as heresias, desempenham importante papel na história dos homens. Quando o consenso se impõe a uma sociedade, é porque ela atravessa uma era pouco criativa. Ao se afastar do consenso, o jovem economista perceberá que os caminhos já trilhados por outros são de pouca valia. Logo notará que a imaginação é um instrumento de trabalho poderoso, e que deve ser cultivada. Perderá em pouco tempo a reverência diante do que está estabelecido e compendiado. E, à medida que pensar por conta própria, com independência, conquistará a autoconfiança e perderá a perplexidade.

VI

O centenário de Raúl Prebisch

Quando cheguei a Santiago para trabalhar na CEPAL, em fins de 1948, já possuía certa percepção da importância do elemento político na realidade econômica. Os jovens que lá encontrei, e que formavam a equipe inicial, haviam sido preparados nos Estados Unidos. Eu era a única exceção, pois fizera meus estudos de pós-graduação na Universidade da Sorbonne e no Instituto de Ciências Políticas, em Paris, onde o debate era bem mais amplo.

O *staff* técnico da CEPAL não passaria de dez pessoas. Fui incorporado ao pequeno grupo de estudos de economia industrial. As reduzidas instalações da sede da CEPAL cabiam numa casa residencial da rua Pio X, no bairro de Providencia, em Santiago. Das janelas podíamos ver o belo jardim que contornava parcialmente o edifício e abria a perspectiva para a pré-cordilheira, onde os reflexos do céu poente produziam efeitos deslumbrantes.

As Nações Unidas haviam criado a Comissão Econômica para a América Latina em começos de 1948, fixando sua sede na capital do

Chile, país autor da proposta e que muito se empenhara em sua aprovação. Mas não fora fácil encontrar alguém à altura para dirigir sua secretaria executiva. As informações que corriam de que teria vida curta, ou a mera circunstância de que não eram muitos os economistas latino-americanos disponíveis, de competência reconhecida, conspiraram para que o cargo permanecesse vago durante os meses decisivos de sua instalação. Dizia-se que o conhecido economista argentino Raúl Prebisch fora consultado mas não mostrara interesse. O mesmo comportamento tivera Victor Urquidi, economista mexicano que apenas chegava aos trinta anos e fora o mais jovem delegado da conferência de Bretton Woods. Finalmente, surgira Gustavo Martinez Cabañas, de cujas atividades como economista pouco se sabia. Corria a opinião de que teria aceitado o cargo com vistas a promover-se na hierarquia político-burocrática do México.

Nesses primeiros meses, trabalhávamos todos intensamente na preparação do que viria a ser o primeiro relatório sobre a situação da economia latino-americana, referente ao ano de 1948. Estávamos absorvidos em nossas tarefas dia e noite, restando-nos magros dois meses para concluí-las antes da próxima Conferência da CEPAL, em Havana. Inesperadamente, circulou um estudo de natureza teórica preparado por um consultor independente: Raúl Prebisch. O documento apareceu em duas versões sucessivas, sendo que a segunda, que veio a prevalecer, logo se afirmou como uma interpretação original do desenvolvimento das economias latino-americanas. Nele Prebisch fazia uma exposição de suas idéias sobre os desequilíbrios dos balanços de pagamento, os quais ele analisava a partir dos fluxos de ouro, ou seja, da acumulação e da desacumulação de reservas na economia dominante, a que chamava de *centro principal*. Daí derivava os princípios de uma política anticíclica para os países *periféricos*, como qualificava os latino-americanos. Em conexão com o problema do desequilíbrio externo, expunha o que denominava de "limites da industrialização", introduzindo considerações sobre a inflação e as políticas de controle cambial.

Ao ler esse texto, percebi que necessitávamos de um trabalho de teorização autônomo a partir de nossa realidade latino-americana. Sem autonomia para teorizar no campo das ciências sociais somos reduzidos a um simples mimetismo estéril.

Raúl Prebisch chegara à CEPAL em fevereiro de 1949. Criador e diretor-geral do Banco Central da Argentina, de 1935 a 1943, ele havia comandado a bem-sucedida política de estabilização, particularmente em 1938, e recebera elogios dos mais variados círculos internacionais. Era, sem lugar a dúvida, o único economista latino-americano de renome internacional. Mas, como vinha na qualidade de consultor, previa-se que sua permanência entre nós fosse curta. À sua chegada, Rey Alvarez, seu auxiliar no Banco Central, fora pródigo em informações: o pai era de origem alemã, e a mãe, de tradicional família de Tucumán; nos tempos de universidade, flertara com o socialismo; ocupara simultaneamente as subsecretarias de agricultura e finanças aos trinta e poucos anos. E o ex-auxiliar acrescentara, em tom de quem revela um segredo: impunha uma disciplina férrea a todo o pessoal do Banco Central, mas sabia fazer-se admirar.

De fato, foi logo admirado. Prebisch era grande andarilho, dizia que pensava melhor caminhando. Muitas vezes o segui por quilômetros, sendo nossas moradias próximas. Ele nunca abordava temas pessoais, mas gostava de referir-se à sua experiência no Banco Central. Indaguei dele, certa vez, o que o induzira a reassumir a cátedra universitária. Respondeu-me simplesmente: "Em primeiro lugar, porque estava desempregado, em segundo, porque gosto de pensar em voz alta, e esse é um privilégio do professor". E continuou: "Quando deixei o Banco Central, fiquei sem meios de vida. Precisei alugar minha casa em San Isidro e me mudar para um pequeno apartamento, onde minha mulher teve de privar-se de seu piano". Como eu mostrasse certa perplexidade por ele não haver arranjado um bom emprego, redargüiu em tom de explicação: "Que emprego? Eu havia sido muitos anos diretor-presidente do Banco Central, conhecia a carteira de todos os bancos, pois havia ajudado a saneá-los, a ponto de poder administrar o redesconto pelo telefone. Quando me demitiram, muitos grandes bancos me ofereceram altas posições, mas como podia colocar meus conhecimentos a serviço de um se estava ao corrente dos segredos de todos? Preferi reduzir meu padrão de vida ao de um professor, o que não era muito".

Na época de sua chegada a Santiago, ele se aproximava dos 50 anos e exteriorizava grande jovialidade. Homem de estatura mediana e cabelos grisalhos, deixava perceber grande preocupação com a aparência pessoal. Na conversa, sua fisionomia mudava com extraordinária rapidez, assumindo ocasionalmente traços de dureza que desencorajava o interlocutor. Estimulava as pessoas a falar e tanto podia ouvir atentamente como fechar-se sobre si mesmo, sem dar a perceber. Tratava a todos nós de *jovem*, e não tuteava ninguém. Se o assunto o interessava, era infatigável em fazer perguntas, mas parco em expressar opiniões. Recebia em sua casa com muito gosto, e com o tempo se dotaria de uma das melhores adegas de Santiago. Seu mundo parecia concentrar-se no trabalho que realizava.

A CEPAL ainda era vista como uma instituição que atropelava a Organização dos Estados Americanos, de docilidade comprovada. O Conselho Interamericano Econômico e Social, da OEA, simbolizava a cômoda, ainda que falsa, harmonia nas relações hemisféricas. Por que desviar para as Nações Unidas, essa arena tão menos segura, assuntos que vinham sendo tratados com êxito no âmbito pan-americano? Essa a razão pela qual o governo de Washington empenhara-se em evitar a criação da CEPAL, abstivera-se no momento da votação e fazia *démarches* para liquidá-la.

As coisas evidentemente se agravaram com a ascensão de Prebisch à secretaria executiva. É de imaginar que hajam pululado memorandos chamando a atenção para os traços particulares do personagem, que estava longe de ser o que se apodava de "homem de esquerda". Era, contudo, um impenitente heterodoxo, insensível ao charme discreto da boa doutrina que justificava a ordem econômica internacional e condenava tantos países a se perpetuarem como exportadores de produtos primários. Desconhecer a autoridade dos pontífices da ciência econômica derivava de ignorância ou de "arrogância". Acusavam Prebisch, este grande heresiarca, de haver sido o introdutor, na América Latina, dessa coisa, considerada abominável, que era a prática dos câmbios múltiplos. Por causa do pecado inominável, murmurava-se, o FMI recusara a sua candidatura para incorporar-se ao seu *staff*. Como se não bastasse, Prebisch exigira autonomia de decisão no recrutamento de pessoal em início de carreira, que era realmente o que importava. Tudo isso transformara a nossa instituição em um caso *sui generis* nas Nações Unidas, um precedente que não podia deixar de suscitar preocupação em certas esferas de poder.

Quando partimos para a Conferência do México, em maio de 1951, as informações que circulavam eram desencorajadoras. Corria a notícia de que, na reunião de consulta dos chanceleres, os norte-americanos haviam obtido a concordância dos países-chave para liqüidar a CEPAL. Eu fora ao Brasil sondar a direção do vento no Itamarati. O governo Vargas começava apenas a se instalar, o que dificultava apreender em que direção ele marcharia no plano internacional. Sabia-se que o governo norte-americano se antecipara, obtendo a criação de uma nova comissão mista, e que o novo ministro das Relações Exteriores, João Neves da Fontoura, empenhava-se em concretizar esse projeto, já tendo obtido de Washington uma generosa promessa de financiamento. O certo é que o novo chanceler não devia ter idéia clara do que vinha a ser a CEPAL, e era, sabidamente, pessoa inclinada a buscar convergência de pontos de vista com os interesses norte-americanos, públicos e privados.

Desde o início da conferência, sentia-se que não havia consenso. A delegação do Brasil não recebera instruções do Ministério das Relações Exteriores. Aguardávamos. Mas um amigo de infância, Cleantho de Paiva Leite, alto funcionário da Presidência da República, e que também trabalhara nas Nações Unidas, estava nesse momento requisitado no gabinete de Vargas, e nos serviu de intermediário para comunicar ao presidente a situação de impasse que se esboçava no México. O homem-chave na conferência era, na verdade, o segundo da delegação brasileira: o diplomata Miguel Osório de Almeida. Ele acreditava na CEPAL, mas não recebia qualquer instrução de seu ministério. Afinal, praticamente nos últimos momentos, encontrei-o sorridente, aparentemente recuperado da tensão dos dias anteriores. Miguel Osório me disse: "Chegou o telegrama". Era uma mensagem vinda diretamente do Palácio do Catete, informando que o presidente Vargas via com interesse que a autonomia da CEPAL fosse defendida.

A batalha estava ganha. A partir daí, a CEPAL se transformaria no símbolo do esforço de união da América Latina em sua luta para escapar das tenazes do subdesenvolvimento.

Desde que eu lera o primeiro trabalho preparado por Prebisch — que passou a ser referido como o Manifesto — pensara comigo: temos agora a alavanca necessária para demover as grandes resistências que enfrentamos no Brasil. Pus-me imediatamente em ação, traduzindo para o português o texto, publicado no Brasil antes de circular como documento oficial das Nações Unidas. Mais ainda: consegui inserir o trabalho na prestigiosa *Revista brasileira de economia*, *chasse gardée* do professor Eugênio Gudin.

A publicação do ensaio de Prebisch nessa revista, em setembro de 1949, teve uma repercussão sem precedente. Minha idéia de retirar o texto dos canais burocráticos e apresentá-lo à comunidade de economistas e pessoas interessadas em política econômica fora mais que feliz.

Na verdade, foi graças a isso que o debate em torno das idéias da CEPAL cedo ganhou precisão e amplidão no Brasil, enquanto nos demais países o debate alimentou-se de informações fragmentárias. O original espanhol e a tradução inglesa seriam publicados pelas Nações Unidas em Nova York, mas circulariam com a lentidão característica dos documentos oficiais. Se as idéias da CEPAL iam penetrando, a verdade é que a reação no Brasil contra o texto de Prebish não se fez esperar. A Escola de Economia da Fundação Getúlio Vargas, onde pontificavam os mestres do liberalismo nacional, convidou uma série de sumidades do pensamento econômico conservador mundial para virem ao Brasil restaurar a "boa doutrina".

Mas as sementes iam germinando. Uma delas era sobre a necessidade de elaborar um plano de desenvolvimento. Esta era a questão que estava no centro de nossa agenda de trabalho. O estudo apresentado na Conferência do México incluíra considerações sobre a "necessidade de programas de desenvolvimento" que deveriam "abarcar todas as inversões públicas e avaliar as necessidades de inversão da atividade econômica privada". O conteúdo de um tal programa era vasto, e seus contornos, incertos. Havia que preocupar-se com os "obstáculos fundamentais" em setores básicos, principalmente energia e transporte, com a insuficiência da capacidade para importar, com a vulnerabilidade às flutuações e contingências externas, com os problemas do setor agrícola, com as necessidades insatisfeitas de obras públicas, de educação, com a concentração industrial em certas áreas, com a produtividade, com a inflação.

Esses temas voltariam à baila no Brasil, por ocasião da Conferência de Quitandinha, em maio de 1953. Foi num clima de grande tensão política e sob cerrado fogo na frente ideológica que o documento *Técnica de planificação* (com o título defensivo de *Estudo preliminar sobre a técnica de programação do desenvolvimento econômico*) foi apresentado em mais essa conferência da CEPAL.

Prebisch esperava que o próprio Vargas abrisse a reunião e aproveitasse a oportunidade para tomar uma posição de vanguarda na luta dos países latino-americanos pela industrialização. Houve indícios positivos a respeito, transpirou a informação de que estava sendo preparado um discurso para o presidente. Mas, se houve intenção, também houve recuo. O fato é que Vargas estava sob forte assédio e deveria, no mês seguinte, realizar uma mudança ministerial, num esforço para recuperar espaço de manobra.

O que marcou a Conferência de Quintandinha foi que o documento-chave apresentado pela CEPAL — que acabou conhecido com o nome de *Técnica de programação* — suscitou ataques de vários lados. Já não se tratava de um debate confinado a páginas de revistas especializadas. Seus detratores pretendiam, agora, chamar a atenção de setores mais amplos para a ameaça que constituía a doutrina industrialista da CEPAL. O professor Gudin publicou no *Correio da Manhã* uma série de cinco artigos, com o título "A mística do planejamento", com ataques diretos à nossa *Técnica de programação*. Prebisch respondeu com outra série de artigos, que foram publicados no *Diário de Notícias* em setembro do mesmo ano, com o título "A mística do equilíbrio espontâneo da economia".

Por ocasião do seu centenário de nascimento, comemorado em 2001, cabe indagar: qual a herança de Raúl Prebisch? Em uma apresentação sintética de seus trabalhos teóricos, referiu-se ele à idéia de um "sistema de relações econômicas internacionais", que denominou de *centro-periferia*, e que foi um subproduto de suas reflexões sobre as flutuações cíclicas que ocorrem na esfera internacional. Parecera-lhe evidente que os ciclos têm origem nas economias dos países industrializados, propagando-se em seguida na esfera internacional. Ora, nesse processo de propagação os países especializados na produção e exportação de produtos primários têm um comportamento passivo, se bem que as flutuações das atividades econômicas neles se apresentem de forma ampliada.

Dessa reflexão em torno da propagação dos ciclos veio-lhe a percepção de que o sistema de divisão internacional do trabalho surgira para atender prioritariamente aos interesses dos países que estão à frente do processo de industrialização. "Os países produtores e exportadores de matérias-primas estão ligados a esse centro em função de seus recursos naturais, constituindo assim uma vasta e heterogênea periferia, incorporada ao sistema de diferentes formas e em graus diversos", diz ele.

Essa visão global da economia capitalista, que permitia nela identificar uma fratura estrutural gerada pela lenta propagação do progresso técnico e perpetuada pelo sistema de divisão internacional do trabalho então existente, constituiu certamente a contribuição teórica maior de Prebisch, e foi o ponto de partida da teoria do subdesenvolvimento que dominaria o pensamento latino-americano e teria amplas projeções em outras regiões do mundo.

VII

O que devemos a Euclides da Cunha

Não tenho a pretensão de abrir novas pistas de reflexão sobre a obra instigante de Euclides da Cunha, mas permita-me o leitor remembrar alguns pontos de sua obra que me parecem menos trabalhados pelos especialistas nesse autor exaustivamente estudado.

Inicialmente, gostaria de dar um testemunho pessoal: sou originário da região do Brasil em que a chamada Guerra de Canudos repercutiu mais profundamente. Durante a minha infância, no alto sertão da Paraíba, presenciei grandes romarias de sertanejos que se deslocavam para Juazeiro, terra do Padre Cícero. Este, um rebelde em conflito com as autoridades civis e religiosas, desencadeou entre a população sertaneja uma onda de fanatismo similar à que suscitara Antonio Conselheiro. Meu imaginário infantil esteve povoado de histórias de milagres. Um primo meu próximo praticou um crime de morte e, para evitar ser preso, refugiou-se no cangaço. Ele nos visitava ocasionalmente, e me contava histórias fantásticas de milagres praticados pelo Padre Cícero.

Outro parente, meu tio-avô, que como recruta participara da Guerra de Canudos, contavame as prodigiosas peripécias que vivera durante essa campanha militar. Nesse mundo, o único certo era a insegurança, e a ele se contrapunham as idéias de progresso e civilização que me seriam incutidas na escola primária.

Faço essas observações para que se compreenda a resistência, corrente em minha geração, a aceitar a visão positivista implícita na mensagem de Euclides a respeito da formação do homem brasileiro.

"Canudos não se rendeu. Teve que ser destruída", afirma, enfático, o autor de *Os sertões*. Isso nos leva a fazer uma interrogação que sintetiza o grito de angústia contido na mensagem dirigida por Euclides à posteridade: como evitar que nossa miopia ideológica nos conduza à repetição de crimes como os que denunciou esse pensador de rara lucidez e coragem? Euclides é um dos autores mais lidos e mais citados entre nós. Ora, a grave denúncia que fez teve pouca ressonância e foi de escassa influência em nosso acontecer histórico. Cabe, portanto, indagar: como explicar que sua obra, hoje referência obrigatória, tenha essa permanência que é comprovada por estudos de autoridades na matéria?

A verdade é que por seu estilo Euclides há muito se afigura anacrônico, e seu cientificismo positivista foi totalmente superado na área dos estudos sociais. Qual seria, portanto, a razão do enorme interesse por sua obra, se tanto do ponto de vista da forma como do conteúdo ela nos parece datada e superada?

A chave para entender esse paradoxo possivelmente reside em que, em face do drama — do "crime", em suas palavras — que constituiu o massacre de Canudos, Euclides, abandonando a opinião universalmente adotada na época, percebeu com lucidez a gravidade das contradições inerentes à nossa formação histórica, as quais se manifestam nas profundas desigualdades sociais que tanto demoramos a reconhecer.

Somente assim logramos explicar que esse pensador haja exercido um papel fundador na cultura brasileira, comparável ao de Cervantes na cultura espanhola ou ao de Goethe na cultura alemã. Trata-se de uma influência difícil de circunscrever, que assume formas por vezes contraditórias.

O deslumbramento suscitado pela leitura de *Os sertões* deveu-se, inicialmente, ao impacto produzido por seu suposto embasamento científico. A formação cultural de Euclides era a que, na época, se absorvia nas escolas de engenharia. Era o tempo em que se imaginava que o conhecimento científico tendia inexoravelmente à unificação epistemológica, sendo o seu núcleo duro as matemáticas. É interessante observar a leitura que fez Euclides da obra do sociólogo polonês Ludwig Gumplowicz, *A luta das raças*, escrita em alemão e difundida graças a uma tradução francesa a que ele teve acesso. Na opinião de Euclides, essa obra, à qual ele atribui grande importância, foge ao historicismo convencional então dominante no pensamento germânico. Ele repudiava a visão historicista, em benefício de um suposto conteúdo naturalista. Diga-se de passagem que as interpretações da realidade social prevalecentes na época também constituíram uma justificação para as teses racistas que pretenderam legitimar a expansão imperialista européia.

Ocorre que, já no primeiro quartel do século xx, a ciência antropológica em que se fundou o pensamento de Euclides conheceu profunda transformação. Os avanços dessa ciência nos Estados Unidos e também no Brasil deixaram a descoberto o conteúdo ideológico subjacente nas doutrinas racistas então preponderantes. Euclides imaginava ter contraído uma importante dívida intelectual com Ludwig Gumplowicz, mas a importância de sua obra está exatamente em que ele, fundando-se em puras intuições, conseguiu superar a doutrina racista então aceita universalmente. A verdade é que os antropólogos brasileiros seus contemporâneos, mesmo os mais lúcidos como Nina Rodrigues, não alcançaram dar esse passo.

Uma vez reconhecidas as limitações da obra de Euclides no plano da antropologia, permanecia de pé o monumento literário. Com efeito, nenhuma obra literária mereceu entre nós mais atenção dos especialistas do que *Os sertões*. E que cabe reter do amplo trabalho de pesquisa realizado em torno dela? Um competente especialista, o professor Alfredo Bosi, assinala a predominância de uns poucos processos retóricos como a *intensificação* e a *antinomia*. A mediação literária faz-se para figurar a ideologia da implacabilidade dos fatos, que permearia todo o acontecer histórico.

Sem lugar a dúvida, o gongorismo verbal predominava na época, em que pontificavam mestres como Rui Barbosa e Coelho Neto. Ainda assim, a semântica da percepção exagerada e o proselitismo implícito já haviam sido objeto de uma crítica sutil de Machado de Assis, cuja influência literária prevaleceu em nossa cultura no século xx.

Se adotamos uma visão abrangente do processo histórico de nosso país, deparamo-nos com uma realidade marcadamente contraditória. A criação do Estado nacional fora precoce mas permanecera incompleta, sendo ineficaz sua atuação em amplas áreas do vasto território. A obra de estadista de Rio Branco, contemporâneo de Euclides, demonstrou a importância da consolidação da instituição estatal para a fixação definitiva das fronteiras nacionais. O engenheiro Euclides da Cunha foi um colaborador entusiasta do Barão, particularmente no trabalho de delimitação do futuro território do Acre.

O centralismo do poder imperial tivera como conseqüência o confinamento da atividade política, relegada quase sempre a confrontações do mandonismo local. A tomada de consciência de pertencer a uma nação penetrava lentamente, dado que o exercício da cidadania fora limitado pela escravidão e por suas seqüelas, como o analfabetismo, que perduravam. O decantado *progresso*, apanágio do século XIX, era totalmente dependente da importação de artigos de consumo e de modismos que se incorporavam aos hábitos de uma elite.

Livrando-se de uma bagagem de conhecimentos supostamente científicos, Euclides intuiu a existência de um povo em formação autenticamente brasileiro, o qual ele imaginou ser fruto do cruzamento trissecular de raças diversas. Esse caldeamento ter-se-ia processado na região interiorana, conseqüência do isolamento a que foram relegadas suas populações.

Assim, graças a suas intuições geniais, Euclides liberou-se da ciência inquinada de falsas doutrinas, predominante em sua época, para alcançar uma percepção global do processo de gestação de nossa cultura. O apelo desabrido à imaginação corrigia nele o suposto rigorismo científico de que se orgulhava. Referindo-se ao *sertanejo*, cujo vigor comprovara na epopéia de Canudos, afirma peremptório: "a sua evolução psíquica, por mais demorada que esteja destinada a ser, tem, agora, a garantia de um tipo fisicamente constituído e forte. Aquela raça cruzada surge autônoma e, de alguma forma, original". É claro que não se trata de evolução psíquica, e sim de simples conformação cultural.

Estava dado o passo definitivo para captar a originalidade do processo de formação de nossa cultura. Euclides chega a encarar como algo positivo o abandono a que o mundo litorâneo, que para ele seria inautêntico, condena o mundo sertanejo, matriz de nossa cultura. Sua intuição aponta na direção certa quando afirma: "a nossa evolução biológica reclama a garantia de nossa evolução social". É no plano dos valores sociais que se dá o embate decisivo.

Portanto, se cem anos depois a obra de Euclides permanece tão importante, é por sua profunda atualidade. Ela nos ajuda a reconhecer que o Brasil é um país em construção. Assim, os problemas que hoje nos angustiam — a fome, o analfabetismo, o latifundismo — são substrato da realidade por ele descrita. Em nosso país há uma imensa população amorfa, de raízes culturais múltiplas, sendo caldeada e ascendendo progressivamente à cidadania. O mitológico sertanejo euclidiano deve ser visto como a prefiguração do cidadão consciente que hoje se afirma.